POR QUE MAMÃE PRECISA
DE UMA BOLSA COR-DE-ROSA

e outros segredos das mães felizes

Stephanie Schneider

POR QUE MAMÃE PRECISA DE UMA BOLSA COR-DE-ROSA
e outros segredos das mães felizes

Tradução:
ELISA SCHREINER

EDITORA PENSAMENTO
São Paulo

Título original: *Warum Mama Eine Rosa Handtasche braucht.*

Copyright © 2005 Kösel-Verlag, Munique.

Um empreendimento do Grupo Editorial Random House GmbH.

Todos os direitos reservados. Nenhuma parte deste livro pode ser reproduzida ou usada de qualquer forma ou por qualquer meio, eletrônico ou mecânico, inclusive fotocópias, gravações ou sistema de armazenamento em banco de dados, sem permissão por escrito, exceto nos casos de trechos curtos citados em resenhas críticas ou artigos de revistas.

A Editora Pensamento-Cultrix Ltda. não se responsabiliza por eventuais mudanças ocorridas nos endereços convencionais ou eletrônicos citados neste livro.

Dados Internacionais de Catalogação na Publicação (CIP)
(Câmara Brasileira do Livro, SP, Brasil)

Schneider, Stephanie
Por que mamãe precisa de uma bolsa cor-de-rosa e outros segredos das mães felizes / Stephanie Schneider ; tradução : Elisa Schreiner. – São Paulo : Pensamento, 2008.

Título original: Warum Mama eine rosa Handtasche braucht : Und andere Geheimnisse glücklicher Mütter
ISBN 978-85-315-1532-3

1. Auto-ajuda 2. Conselhos práticos, fórmulas, truques etc. 3. Felicidade 4. Mães – Psicologia I.Título.

08-02235 　　　　　　　　　　　　　　　　　　　　　　　　CDD-155.6463

Índices para catálogo sistemático:
1. Mães : Comportamento : Psicologia   155.6463

O primeiro número à esquerda indica a edição, ou reedição, desta obra. A primeira dezena à direita indica o ano em que esta edição, ou reedição, foi publicada.

Edição　　　　　　　　　　　　　　　　　　　　　　　　　　　　　　　　　　Ano

1-2-3-4-5-6-7-8-9-10-11　　　　　　　　　　　　　　　　　　　　　08-09-10-11-12-13

Direitos de tradução para a língua portuguesa
adquiridos com exclusividade pela
EDITORA PENSAMENTO-CULTRIX LTDA.
Rua Dr. Mário Vicente, 368 — 04270-000 — São Paulo, SP
Fone: 6166-9000 — Fax: 6166-9008
E-mail: pensamento@cultrix.com.br
http://www.pensamento-cultrix.com.br
que se reserva a propriedade literária desta tradução

Sumário

Prefácio ... 9

Feliz? As crianças precisam de modelos ... 13
Simplifique as coisas, mas faça algo ... 13
Dê recompensas a si mesma. Você é o melhor cavalo da baia ... 16
Uma vida fantástica, por amor às crianças ... 18

O que as mães felizes nunca recebem o suficiente? ... 21
Humor e comédia ... 21
Outras mães e carteiros ... 24
Saco de lixo e lugar no armário ... 27
Motocicletas e bolsas cor-de-rosa ... 31
Elogios a si mesma e aplausos ... 34
Tempestades de outono e sensualidade ... 36
Yin e yang ... 39

Em que momentos as mães felizes querem ser mais modestas ... 41
Brindes e outros tesouros ... 41
Fofoca no café e outros compromissos ... 44
Cabelos curtos e outras mudanças ... 46
Declaração de imposto de renda e outros trabalhos ... 48
Férias e outras coisas agradáveis ... 50

Torne-se uma vencedora   53
    Passe um dia sem reclamar   53
    Considere a inveja uma coisa boa   56
    Vire uma estrela da televisão   58
    Torne-se um exemplar único   60
    Ultrapasse seu limite de coragem   62

Entre mães   65
    Não puxem o tapete uma da outra   65
    Fuja da Supermãe   67
    Reserve um lugar para a sua mãe   71
    Não pague as contas. Prefira agradecer   73

Inadiável: O trabalho doméstico   75
    Destine um lugar para cada coisa   75
    Limpe o armário do corredor   78
    Coloque um colchão no quarto das crianças   80
    Arrume a bolsa na noite anterior   83
    Brinque com seu companheiro o jogo dos dez minutos   85
    Reforce o assunto alimentação   87
    Comece a maratona de transporte   90

Família é trabalho duro. Primeira ajuda em tempos difíceis   93
    Aceite ajuda   93
    Cometa erros   96
    Decida-se   98
    Não faça duas coisas ao mesmo tempo   100
    Não faça nada durante cinco minutos   103
    Faça um passeio de adulto   106

Bote a tristeza pra fora	108
Faça um desvio	110
Transforme-se numa mãe entre muitas	113
Procure deuses de jaleco branco	115

Crianças mais ou menos felizes	**117**
Mais ou menos é mais do que suficiente	117
Aceite a consciência pesada	120
Respeite o ritmo do seu filho	122
Aprenda a conhecer seus filhos	124
Abandone as advertências	127

Felicidade de mãe não é suficiente	**129**
Considere como um teste para a adolescência	129
Saia para passear com o seu marido	133
Procure um hobby mental para você	136
Procure um trabalho fantástico para você	138
O fim do contrato de aluguel	141

Prefácio

Naquela época, quando iniciei a aventura "crianças", o primeiro passeio de compras sem a barriga de grávida me levou a uma livraria. Eu queria comprar um livro de orientações gerais. Quer o assunto fosse Como ver TV ou Presentes chiques para madrinhas de casamento, essa loja até então sempre teve o livro certo para todas as situações da vida.

"Vocês têm livros de conselhos para mães? Ajuda para o dia-a-dia, dicas para a profissional que existe em nós e tudo sobre a compra de meias para crianças?"

O olhar espantado da vendedora e o piercing que ela tinha no umbigo davam a entender que ela não tinha filhos. Depois de refletir um pouco ela me sugeriu: "Dê uma olhada na seção de economia, na parte de administração." Será que aquela moça realmente acreditava que o trabalho de um chefe de departamento da BMW seria de alguma forma parecido com a sobrecarga de uma mãe? Que eu saiba, os administradores têm direito a pausa para o café e aviso prévio. Quando eles, depois do final de semana, voltam ao escritório, o apontador de lápis ainda está sobre a mesa e ninguém jogou iogurte de banana no arquivo suspenso.

Voltei para marido e filho sem o livro. De lá para cá surgiram no mercado alguns bons livros voltados para as mães. Eu experimentei alguns – bem, quero dizer: estão na minha mesa de cabeceira e, na primeira oportunidade, vou examiná-los. Assim que eu tiver algum tempo de novo, vou fazer as listas e as fichas de arquivo sugeridas. À noite, vou fazer aparecer uma salada saudável com muita vitamina E e vou falar sobre sexo com meu marido. Depois, vou me conceder um peeling de abacate com ginseng. Talvez daqui a uns dois anos, quem sabe.

No momento eu ainda me encontro na fase "coquetel" da minha vida. Eu a chamo assim porque o meu dia-a-dia acontece em pequenos pedaços administráveis: por 5 minutos minhas filhas brincam de quebra-cabeça em paz, por 3 minutos eu falo ao telefone sem ser importunada, 11 minutos é o tempo da pausa para o almoço, 9 minutos o ataque de teimosia para escovar os dentes. Esses pedacinhos de tempo não são suficientes para a leitura, sem interrupções, de grandes volumes, mas sim para anotar rapidamente algumas idéias. Foi por isso que dessa vez escrevi o livro eu mesma. Amigas com filhos, minhas filhas e a vida em si me ditaram com eficiência.

Ficarei feliz se conseguir facilitar o seu dia-a-dia. Você conhece outros truques de como sobreviver com bom humor a dias de chuva ou a crianças doentes? Escreva para mim. Afinal de contas, não temos, cada uma de nós, de reinventar o triciclo, temos?

Stephanie Schneider

**Por que mamãe precisa
de uma bolsa cor-de-rosa**

Feliz? As crianças precisam de modelos

Simplifique as coisas, mas faça algo

Imagine que daqui a 20 anos você estará sentada com seus filhos na frente do álbum de fotos e terá saudades: "Bons tempos, aqueles! Nós desenhávamos juntos, líamos histórias e trocávamos muito carinho. Descobrimos dias perfeitos e pingávamos caretas de geléia no pudim de baunilha. Eu aproveitei muito o tempo com vocês e me sentia relaxada e feliz, da cabeça aos pés."

Você acha isso irreal? É muito cansativo ser mãe. Pessoas sem filhos mal conseguem imaginar o que significa quando o nascimento do último molar do filho coincide com o dia das compras da semana e a infecção gastrintestinal do irmão mais velho. Infelizmente nós, mães, muitas vezes achamos que aquilo que fazemos não é nada. A maioria de nós se preocupa mais com as ofertas da seção de congelados do que com as costas tensas.

A essa altura, preciso lhe dar um conselho um tanto incômodo: está em suas mãos. Se você quiser ser uma mãe feliz, precisa fazer como numa dieta eficaz: você precisa se decidir. E precisa realmente querer.

Com certeza essa é a parte mais difícil nesse treinamento. Pois a sorte tem a agradável característica de funcionar como um ímã. Uma vez no caminho do sucesso, você fará coisas boas com maior freqüência e naturalidade.

Mas o que você pode fazer?

Simplifique as coisas. Ninguém está controlando se você sai diariamente com as crianças para tomar ar puro. A mensalidade da creche não vai aumentar se você der de aniversário para seu filho um pacote de bombons de chocolate em vez de 25 tortinhas integrais feitas em casa. Não existe uma lei exigindo natação para bebês e proibindo noites em companhia de adultos. Esses são os fatos.

Também é fato que muitas jovens mães estão tão exaustas que, para elas, duas horas de imobilidade na cadeira do dentista valem mais do que o valor dos honorários pagos. Elas são mulheres normais, que foram pela última vez ao cinema quando a Alemanha venceu a Copa do Mundo. Que, na maioria dos dias, só não mandam os filhos para a Lua porque querem poupar-se do escândalo de colocar o cinto de segurança na cápsula espacial e porque teriam que convencê-los a colocar sapatos fechados.

Relaxe. Você não precisa comprar nada para sua nova percepção da vida, nem trocar os móveis de lugar. Leve os pequenos como de costume para a aula de ginástica. Combine tranqüilamente de assistir novela após o jantar, acompanhada de uma barra de chocolate. Tudo ainda vai parecer como no dia anterior. Apesar disso, ao dormir, você já terá a primeira boa sensação na barriga ao pegar no sono. Esse é o começo. Bem-vinda ao clube.

Dê recompensas a si mesma.
Você é o melhor cavalo da baia

Tudo o que é valioso e muito solicitado precisa ser bem cuidado. Por isso, recompensas deveriam fazer automaticamente parte do seu dia. Talvez a sua consciência pesada lhe passe a conversa, dizendo que lavar a louça é mais importante do que cochilar por meia hora, e que seu relaxamento na estética no fim de semana será à custa do lazer da família e da conta bancária. Não acredite nela.

Prefira combinar uma visita de inspeção empresarial à Volkswagen. Lá o rapaz com terno de risca de giz vai lhe explicar que são gastos milhões a cada ano na manutenção do computador central. E quando você gritar espantada: "Tanto assim...?", o especialista em finanças vai explicar: "Mas ele é o motor do conglomerado inteiro. Não podemos correr o risco de que um dia ele apague. Não importa como anda a parte financeira, no computador central não se economiza!"

A babá, a empregada e a madrinha das crianças certamente prestam bons serviços, mas você é e continuará sendo o computador central do negócio familiar.

Vá fundo e permita-se o melhor: seu prato predileto, amigos legais e bom humor na hora do jantar – luxo não reside na conta bancária, mas sim no modo de pensar. Você precisa comer em intervalos regulares e necessita de tempo para ficar sozinha. São recomendadas, inclusive, algumas horas de sono, mesmo que a criançada pense diferente. Coloque suas necessidades como prioridade na organização da casa, para que a sogra, o marido e você mesma reconheçam o que é importante no momento.

Mesmo que as cenas na mesa do café ainda não tenham atingido o nível da filmagem do Titanic, você merece apoio e descanso.

> **Recompensas são como baterias recarregáveis:
> nunca se tem o suficiente.**

Finalmente você está trabalhando para sua conta de bem-estar pessoal. Como mãe, você tem a responsabilidade de juntar provisões. Faça um estoque, não só de massa de tomate ou escovas de dente infantis, mas sim, de sono, força e inspiração. Você deveria aproveitar principalmente as horas mais tranqüilas para se encher de vitalidade e alegria, já que é totalmente imprevisível saber quando a enchente na creche, os métodos originais de controle da natalidade ou o dente do bebê vão se tornar a próxima situação emergencial.

Mantenha por algum tempo um calendário de recompensas, no qual você vai anotar todos os dias como foi que recompensou a si mesma. Falar a noite toda ao telefone, a noite longe do telefone, uma massagem nas costas, escrever no diário, ir à academia, um novo par de sapatos, tomar um café em paz, ir à agência de viagens informar-se sobre pacotes de férias – não existem fronteiras para a sua imaginação. A princípio, pode ser interessante fazer uma lista e deixar claro como suas recompensas pessoais poderiam ser. A elaboração dessa lista por si só poderá ser tão divertida que ela já se torna a recompensa do dia.

Uma vida fantástica, por amor às crianças

Agora você leu a frase "Dê-se recompensas" e tranqüilamente agarrou o pote de biscoitos ao seu lado. Tudo bem. Mas talvez você tenha se perguntado o que mais pode esperar dos próximos 48 capítulos.

Bem, você não precisa exatamente se presentear com entradas para o musical do *Rei Leão* para sair do teatro pouco antes do final porque seu filho mais novo passou mal depois de comer três pacotes de balas. Por que você não vai fundo? Afinal de contas, você já atuou com entusiasmo num grupo de teatro. Coloque-se nas luzes da ribalta e assuma o papel principal!

Você tem um belo jardim e um plano de saúde para as crianças. Mas você tem diversão suficiente? Carinho? Aventuras e variedade? Ou, olhando mais de perto, poderia ter mais? Como seria se de um encontro sem compromisso surgisse uma amiga do peito? E se você passasse a metade da noite conversando com seu marido na cozinha, em vez de se satisfazer com a rotina de contar histórias para dormir e assistir à televisão?

A partir de hoje você pode comer salmão ao molho de vinho em vez de comer o pão seco que sobrou do lanche das crianças. Claro que isso no caso de você não preferir o pão.

Realize a vida dos seus sonhos

Toda mãe vai se esforçar para ser paciente, amorosa e confiável ao máximo. Mas uma mãe também pode ser egoísta? Sim! Inclusive essa é uma das melhores coisas que você pode mostrar para os seus filhos.

Observe: seu filho, que mal completou dois anos de idade, pinta os lábios com canetinha, do mesmo modo que pensou ter visto a mãe fazendo, e a irmã dele imita perfeitamente o tom de voz da mãe ao explicar algo para a amiga. Para nossos filhos somos ídolos, exemplos, orientadores.

Quem mais mostraria para eles como fazer as coisas darem certo e tornar os sonhos realidade, senão nós? Não seria correto se nós ensinássemos nosso filho a dar cambalhota e a comer com garfo e faca, mas deixássemos os temas mais importantes, como a realização dos seus maiores sonhos, para uma estagiária que trabalha por algumas horas na creche.

Se você for eletricista, existe uma grande probabilidade de que seu filho um dia assuma a profissão. Uma pessoa com cabelo cacheado, ou com alergia, também tem algo para passar adiante. Até mesmo *Bob, o Agricultor* provavelmente tinha um motorista de trator barrigudo na sua galeria de semelhanças. Dinastias inteiras de esportistas, companhias de tiro e artistas demonstram que as crianças se orientam a partir da visão de mundo dos pais. O que provavelmente será do filho de uma mãe feliz? Uma criança feliz!

O que as mães felizes nunca recebem o suficiente?

Humor e comédia

O dia-a-dia de uma jovem mãe de tempo integral é mais divertido do que geralmente se pensa. De vez em quando minhas filhas e eu observamos a esposa do vizinho sair, pela manhã, para levar a filharada para a escola. Além disso, testemunhamos quando a instalação de aquecimento do prédio da esquina entupiu, e já vimos até mesmo um bassê usando capa de chuva. Mas, por mais que eu me esforce, só não consigo me lembrar de um grupo de mães rindo alegremente.

As mães sorriem quando o filho de um ano entra orgulhoso calçando botas de borracha tamanho 40 ou dão um sorriso sarcástico quando o guarda lhes entrega a multa por excesso de velocidade, já vencida. Mas uma risada alegre, libertadora? É raro.

No entanto, hoje já existe até um ramo científico que busca pesquisar as conseqüências do riso sobre o corpo humano. Os especialistas do riso, como são chamados os estudiosos da diversão, confirmaram em um estudo na Universidade Graz o que nós já sabemos há tempos: rir é saudável. Quem ri regularmente e de coração poderá regular sua pressão arterial e melhorar sua saúde a longo prazo.

Você talvez duvide: "É claro que eu gostaria de me divertir, mas hoje de manhã não foi nada engraçado." Com certeza é mais fácil aproveitar a vida sob um brilhante céu azul e num passeio de bicicleta longe das panelas e, no entanto, a realidade é bem diferente. Mas exatamente ali, onde termina a diversão, começa o humor. Mães felizes e todos os outros realistas põem mãos à obra de bom grado.

É preciso ter humor...

- Quando sua filha lhe explica que vai se casar com o papai quando crescer, e continua: "Mas não vou convidar aquela loira que às vezes 'busca ele' no trabalho."

- Quando, desde o café da manhã, você está quebrando a cabeça tentando descobrir por que a torrada com geléia sumiu e, de repente, percebe que seu filho está a ponto de colocar uma "fita" no aparelho de vídeo.

- Quando você, mãe por três vezes, vai fazer a consulta de rotina no ginecologista e a jovem auxiliar do médico só acredita que você não está grávida quando não encontra nenhum batimento cardíaco com o ultra-som.

- Quando se constata que a descrição "cuidado integral" não se refere à escola infantil da sua filha, mas sim, às carícias exigidas da nova professora.

Depois de mais uma semana chuvosa, uma grande dose de humor e auto-ironia torna-se indispensável à sobrevivência. De que iríamos rir senão de nós mesmas? Bons programas no rádio e na televisão são mais raros do que quadrigêmeos de barriga cheia. Até a cirurgia de quadril do meu tio seria um programa mais atrativo do que filmes com mães engraçadas no papel principal.

De qualquer forma, se alguém ainda estiver procurando exemplos de como cuidar dos filhos de um modo divertido restam, na verdade, apenas filmes sobre família do tipo *I Love Lucy* ou livros de auto-ajuda de autoras famosas para mães. Mas voltando a você. Junte-se à nossa roda de humor em vez de deixar que pessoas, que precisam entrar na sala de bate-papo para rir, proíbam você de abrir a boca. Na verdade, nosso dia-a-dia é repleto dessas pequenas e absurdas histórias, nas quais o filho de dois anos vomita no túnel da estrada ou o irmão mais velho enterra a chave do apartamento na areia da praia. A nossa vida é tão repleta de situações hilárias que faria a alegria de qualquer comediante! Vamos ser como mães aquilo que sempre fomos: apresentadoras de programas de entrevistas.

Outras mães e carteiros

Uma rápida olhada no catálogo de acessórios para bebês mostra que muitas coisas são necessárias para a vida de uma mãe satisfeita. Lá se encontram bolsas de bebê combinando com mamadeiras térmicas, móbiles com música e notebooks com capa à prova de saliva, para preparar de forma ideal a menina dos seus olhos para a vida profissional. Mas será isso mesmo o que precisamos? Nada contra toalhas de banho infantis com estampa de personagens de desenho animado; o mais importante são as amizades e os contatos. Eles acalmam crianças choronas e ajudam até nas dores de cabeça ou nas queixas de resfriados.

> **Passar o tempo na companhia de pessoas legais é o caminho mais eficiente para ser feliz.**

Se você mantiver uma boa conversa com sua companheira de viagem, o engarrafamento no trânsito passará muito mais rápido. Na companhia de outros pais, torna-se mais fácil assistir a Parada Gay só pela televisão e ir à festa do bairro. Até mesmo uma gripe se torna um feriado, contanto que se esteja na cama do novo amor. As pessoas transformam nosso dia-a-dia em vida!

Ao mesmo tempo, nem precisamos de uma amizade muito profunda para polir nosso ego. Quando você tem filhos, seu círculo de conhecidos vai se tornando bastante grande. Em último caso, quando precisar desaparecer depois do seu próximo assalto ao banco, você vai se admirar de quantos carteiros, vizinhas, colegas da escola, mães, faxineiras, cachorros e donos de cafés você já conhece.

Essa coisa de fazer e manter contatos parece bem simples. Seria, se não tivéssemos idéias, demasiado exatas, de como uma visita deveria transcorrer:

- As crianças devem parecer como se estivessem brincando juntas tranqüilamente há horas. O quarto, ao contrário, deve parecer como se ninguém tivesse entrado nele hoje.
- Alguns doces devem estar sobre a mesa. As crianças e os adultos os comem e, se possível, ainda têm saúde.
- Deverá haver diversões para as crianças, que podem ser uma parede de escalada ou canetinhas novas e, para os adultos, uma anfitriã bem-humorada e falante.

Damos tanta importância para as aparências que, às vezes, o verdadeiro encontro se perde com isso.

> **Na nossa cultura nós nos encontramos quando estamos nos sentindo bem, em vez de nos encontrarmos quando estamos nos sentindo mal.**

Outros países têm uma melhor compreensão do que são os encontros que nos deixam satisfeitos, e não a sala arrumada ou o programa fantástico que será feito.

Em muitas culturas as mães são visitadas pelas outras mulheres depois do nascimento do bebê. Não só para levar um presente e comer a torta de maçã, mas também para oferecer ajuda nas primeiras semanas. Em países do hemisfério sul podemos encontrar homens e mulheres que simplesmente se sentam na frente de suas casas e conversam. Eles não fingem estar ocupados com outras coisas essenciais, como o programa de televisão. Uma imagem que, no melhor dos casos, nós conhecemos das mães nos playgrounds!

Assim, se você quiser um tapete brilhando de limpo, chame uma faxineira. Se você quiser alguém que chegue pontualmente, deixe que o oficial de justiça lhe faça uma visita.

E se você só consegue relaxar se todas as crianças estiverem brincando harmoniosamente, então é melhor desistir. Porém, se você quiser conhecer pessoas, deixe as exigências de lado e concentre-se no essencial:

> Mães felizes não precisam de arrumação na sala nem de atividades educativas, mas sim do desejo de um encontro e vontade de fazer vista grossa para muitas coisas.

Saco de lixo e lugar no armário

Imagine que você estivesse participando do baile do ano das "Mães Felizes" e ganhasse o primeiro prêmio no sorteio. A apresentadora lhe oferece a opção entre dois bônus: "Cinco coisas somem da sua vida" ou "Cinco coisas entram na sua vida". Qual você acha que escolheria?

A maioria dos concursos nos premia com recompensas mais ou menos atrativas. Mas pra que serve uma viagem, se em casa um monte de trabalho e duas crianças com gripe nos esperam?

> Não são as coisas que temos que nos fazem felizes, mas sim as que não temos.

Aquilo que mais desejamos é não ter brigas, não ter barulho, não ter bagunça, não ter doenças, não ter tarefas. Queremos ter cinco quilos a menos no quadril em vez de uma calça nova um número maior. E, na verdade, não queremos nenhuma ginástica para doentes nem banhos de argila, mas somente ficar livres das dores nas costas.

Provavelmente não existe mágica que faça sumir, em segundos, as doenças ou as preocupações com o dinheiro. Mas, entre os problemas restantes, existem alguns que podemos colocar na lixeira sem a menor preocupação.

Mães felizes não têm medo de jogar coisas fora!

Por quê? Porque elas ficam mais felizes a cada saco de lixo. Aquilo que não lhes pertence não precisa ser protegido do suco de uva, nem arrumado, nem carregado para o terceiro andar, e nem vira motivo de discussão.

Nas famílias, os bens, grandes e pequenos, são um tema permanente, porque as crianças e as suas necessidades mudam constantemente. Sejam sapatos, móveis ou cadeirinhas de criança, sempre arrumamos mais alguma coisa a cada dois ou três dias. Se você não quiser que o seu bom humor seja sufocado debaixo de tanta tralha, sacos de lixo e lojas de coisas usadas se tornam ainda mais importantes. Busque espaço livre, no qual você se separa do máximo de coisas possível:

- **Restos de comida**, ou você realmente acredita que vá haver fome súbita por restos de ovo frito nos próximos dias?
- **Roupas sem uso**, ou você vai colocar um pijama de coelhinhos no seu filho, só porque ganhou de presente?
- **Coisas quebradas**, ou você ainda acha que a lanterna vai ser consertada este ano?
- **Coisas de que você não gosta**, ou você quer que essa sua foto seja publicada quando você for famosa?
- **Coisas que você não usa**, ou você quer deixar de ter outro filho porque o quarto está lotado de coisas da sua bisavó?

Não existem limites para sua imaginação. Não esqueça também dos números de telefone que não são usados ou dos ditados pessimistas.

No mais, para a faxina valem as mesmas regras dos exercícios abdominais: faça dela um costume para a vida toda e faça por alguns segundos, sempre que se lembrar. Agora mesmo, por exemplo. Você está no quarto? Ao seu lado está o catálogo de viagens das últimas férias. Você está sentada na sala de espera do médico? Na sua bolsa tem três recibos velhos e um adesivo horroroso do mecânico. Praticamente não existe *hobby* mais barato e eficiente. E ele certamente tem um efeito colateral: jogar coisas fora vicia.

Sugestões para faxina no quarto das crianças:

- É verdade que as crianças brincam com quase tudo, tanto faz se é um aparelho de CD estragado ou embalagens velhas. Mas não aceite isso como desculpa para transformar o quarto das crianças numa lixeira ou no depósito central.

- Se você não estiver certa se seu filho vai sentir falta dos últimos vinte desenhos de canetinha, ou do folheto de propaganda da padaria, guarde essas coisas fora do alcance dele por alguns dias. O que não for requisitado nesse meio tempo poderá, na maioria das vezes, desaparecer definitivamente.

- Leve o seguinte lema em consideração: se para você como adulto parece difícil arrumar "de uma vez" o quarto do seu filho, porque você precisa primeiro pensar onde colocar todas as quinquilharias, pense que seu filho não vai brincar "de uma vez" com todas as coisas. Já está na hora de você dar mais liberdade para o seu filho!

Motocicletas e bolsas cor-de-rosa

Ontem estávamos de novo na escola de natação das crianças. Bem na hora em que o nosso grupo de esportistas estava saindo do vestiário com seus apetrechos, um funcionário veio atrás de nós com um par de sandálias de salto alto. "Pertencem a alguma de vocês?" Em vez de uma resposta o coitado recebeu apenas sobrancelhas erguidas e olhares significativos.

Na realidade, ele poderia ter pensado sobre o absurdo da pergunta: é mais fácil o Sílvio Santos se apresentar na Globo do que uma mãe ir para a academia de salto agulha. Mas só porque salto alto, bijuterias e forro branco nas poltronas não combinam com a vida com crianças, isso não quer dizer que não gostamos dessas coisas.

> Até mesmo mães de vez em quando têm vontade de ter coisas supérfluas ou que não sejam práticas.

O símbolo mais incisivo para luxos desse tipo: a bolsa cor-de-rosa. Só a imagem mental já traz à tona os sentimentos mais contraditórios. As reações vão desde: "Até que enfim, vou sair novamente!" até o "Símbolo de status dessas patricinhas superficiais!" Lojas de móveis para jovens já festejam a cor rosa há anos, em forma de lâmpadas de leitura e cortinas de banheiro, e uma em cada duas mulheres revira as lojas de departamento em busca de brincos, cintos brilhantes e bolsinhas. De qualquer modo, nenhuma de nós ficaria corada de alegria quando as antigas colegas de escola dissessem no encontro de turma: "Mas você mudou! Agora você está mais para o tipo 'bolsa cor-de-rosa', não é?"

A imagem das bolsas desse tipo não vem por acaso:

- Elas não são práticas nem decentes.
- Elas custam dinheiro, o qual poderia ser gasto no plano de saúde das crianças.
- Elas não combinam com um macacão e muito menos com a imagem social de uma mãe provedora.
- E, provavelmente, nenhuma delas vai sobreviver às tendências da moda para o próximo verão. Mas quem se preocupa com isso? Tendências de moda felizmente não são algo com que as mães precisem se preocupar.

Mas tudo isso não pode nos desviar da verdade mais pura: a bolsa cor-de-rosa representa uma necessidade feminina primitiva. Claro que isso não quer dizer que você deva saquear imediatamente a filial mais próxima de uma loja de bolsas. Na verdade nenhuma mulher do meu círculo de amigas, rico em crianças, pensaria um segundo em se separar da prática mochila ou da bolsa com os vários compartimentos internos. Eu mesma não tenho a intenção de comprar um desses exemplares cor-de-rosa, que não iria combinar muito com meus tênis sujos e a capa de chuva.

> **Você não precisa de uma bolsa cor-de-rosa de verdade. Você precisa apenas da sensação de poder comprar uma a qualquer momento, caso fique com vontade.**

A bolsa cor-de-rosa nos lembra que nós, apesar da domesticidade, também temos o direito de ter coisas bonitas, vistosas, supercaras e nada práticas.

Esse direito você não precisa necessariamente satisfazer com bolsinhas coloridas. Existem outras coisas a que nos apegamos, mesmo que a razão ou a sogra levantem mil bons motivos contra:

- Você não quer vender a motocicleta nem a prancha de surfe, apesar de não usá-las há cinco anos.
- Você tem quatro pares de tamancos coloridos, e todos eles estão no armário sem serem usados porque apresentam um risco incalculável na hora de carregar as crianças na escada.
- Hoje, pela manhã, você animou sua casa sombria com um buquê de rosas amarelas, mesmo que amanhã esteja saindo de férias por duas semanas.
- Você se presenteia com um piercing no umbigo, uma tatuagem de henna ou a primeira permanente da sua vida.

E então, quando no próximo encontro de turma a chata da Cláudia, que nunca deixou você colar, aparecer com uma bolsa cor-de-rosa, nada deverá segurar você: Vamos para o bar! Isso poderá ser o início de uma amizade maravilhosa.

Elogios a si mesma e aplausos

Cada um precisa de algo diferente para sentir-se bem: uma pessoa precisa de lenço de papel umedecido, a outra só se sente bem quando tem um carro zero parado diante da sua porta, e para outras basta a turma de amigos. Cada um do modo que lhe agrada. Mas, na verdade, o que todos queremos são elogios e massagens no ego.

Raramente nossa barriga é tão bem desenhada quanto gostaríamos. É o efeito batata chips: tanto faz quantas já comemos, sempre queremos um pouco mais. Quem é, então, que nos faria transbordar de elogios e cumprimentos?

- O marido não pode, porque nesse momento ele está dando banho nas crianças.
- O amante gostaria, mas só vamos chamá-lo de novo daqui a 20 anos, quando não tivermos mais leite pingando dos seios e a questão da fertilidade estiver resolvida.
- E a sua melhor amiga? Ela também está esperando por algumas palavras animadoras, desde que passou a viver seus dias sem o belo Paolo, mas com o doce Paolo Júnior.

Mas a mulher tem de fazer tudo sozinha? Na dúvida, sim. Dizemos que "auto-elogio pega mal", mas não deve ser pior do que o balde de fraldas sujas. Pegue o problema com suas próprias mãos, mesmo que, com as contrações dolorosas no seu pescoço, você compreensivelmente hesitará em bater com força nos ombros:

- Entre mães, elogiem-se mutuamente. O dia pode ser salvo quando outra pessoa se manifesta elogiando nossas crianças ou percebe o nosso novo corte de cabelo.
- Vá para o Shopping e viva a experiência de ver alguém que parece conhecer suas necessidades melhor do que seu próprio companheiro.
- Deixe a louça pra lá e tenha tempo para as crianças, para que elas, por meio dos seus desenhos e do seu entusiasmo, lhe demonstrem o quanto você é adorada.
- Marque uma sessão de massagem, uma maquiagem ou cabeleireiro.

O autor Bodo Schäfer aconselha as pessoas que querem ficar ricas a manter um "diário de sucessos", no qual elas escrevam diariamente pequenas notas do que conseguiram fazer com sucesso. Para mim essa cerimônia rotineira é muito trabalhosa, pois, quando se convive com dois pequenos talentos artísticos, é raro ter um lápis à mão quando se precisa. Mas a idéia é boa e funciona.

Faça o exercício em pensamento enquanto você faz faxina na garagem, no caminho para a loja de roupa infantil ou neste exato momento: Quais são as cinco coisas que você conseguiu administrar com sucesso hoje? Quando foi que, para sua satisfação, você consolou, cozinhou, explicou, transportou ou decidiu?

Você diz: "Mas é natural levar o filho na consulta de acompanhamento ou se lembrar de colocar uma touca nele no inverno!" É verdade. Mas também é importante fazer as coisas óbvias, e fazê-las bem. Talvez estejam lhe faltando as lembranças. Mas oportunidades de se auto-elogiar, certamente que não.

Tempestades de outono e sensualidade

Todas as noites vejo propagandas com queijo derretido, bebês dormindo e braços masculinos fortes na areia quente. Uma festa dos sentidos! Quando a barra de chocolate brilha na tela, eu penso: "Com tanta sensualidade o mundo da propaganda parece que foi feito para as mães felizes!"

Mas logo acabo descobrindo que cenas na praia, coisas brilhantes, esfumaçadas ou com aroma de pêssego ou canela não acontecem com muita freqüência. E ainda querem nos convencer a "Aproveitar com todos os sentidos!" Para esse público-alvo, acostumado com brigas diárias na hora de escovar os dentes, esse tipo de coisa chega a dar tédio!

Mães felizes não se dão por satisfeitas com as luzes brilhantes do palco. Elas também se permitem alguns papéis secundários, pois o "pato agridoce" não tem gosto se não tiver o "agri", e até mesmo o teatro de fantoches não tem graça se não tiver bandidos. Mesmo assim, costuma-se tirar do caminho tudo que possa ser desagradável. Às vezes surgem cenas grotescas, quando o alvoroço sobre essas coisas é maior do que o dilema em si:

- O presidente está decidindo sobre questões fundamentais sobre o mercado de trabalho e encolhe a cabeça, envergonhado, ao ter um acesso de espirros.
- Os recém-casados, cujo amor deveria ser eterno, mostram caras mal-humoradas porque precisam, por trinta minutos, esperar juntos o ônibus para o hotel.
- O marido e os filhos dizem que você é a mulher mais linda do mundo, e você nem ouve, porque está horrorizada com um pouco de celulite.

Mães felizes vão com seus significados no dia-a-dia em viagens de descobrimento.

Nossos filhos podem nos ajudar nisso. Nossas crianças nos fazem perceber contextos que não enxergamos mais e nos contam coisas que há muito não apreciávamos mais. Deixar-se levar é o suficiente: O que tem ali no caminho? Que sensação tem esse comichão no meu pé esquerdo? Quem corre mais rápido? Que sensação tem o saco de papel barulhento? Você está vendo os botões de flor na árvore?

Ontem, minha filha mais velha e eu observávamos uma máquina de asfalto extremamente malcheirosa trabalhando na estrada. Eu já esperava pelos protestos da minha filha, supersensível, quando ela me gritou alegremente: Eu gosto desse cheiro de estrada!

Crianças não se contentam com as percepções convencionais que nós, adultos, nos acostumamos a ter. Elas experimentam o gosto dos lápis de cera, o cheiro do livro de figuras e a sensação de esfregar a beterraba na mesa.

E você? Você por acaso conhece o cheiro do porão da sua casa? Você sabe se o seu café se diferencia, pelo cheiro, do café da sua amiga? Se não, então há um potencial na sua rotina diária.

Em casa, faça de conta que você está de férias: compre comida típica no mercado. Admire a luz em constante mudança e a confortável casa de veraneio.

Mães felizes facilitam as coisas. Elas aprenderam a apreciar as coisas boas da vida, em vez de depender da opinião dos outros para tomar suas decisões. Decida-se. Você não precisa necessariamente acampar em dias de chuva. Apreciar a chuva da janela já é o suficiente.

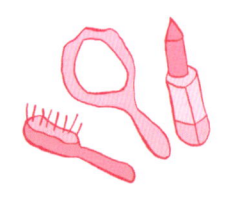

Yin e Yang

Existem coisas na cultura chinesa que nos alegram muito, mesmo não contendo glutamato de sódio nem brotos de bambu.

Assim também é o negócio do yin e do yang. É a representação de dois impulsos complementares, segundo os quais tudo no universo se orienta. Conhecemos tais impulsos, por exemplo, na troca do dia e da noite, ao inspirar e expirar ou na combinação do masculino e do feminino. O yin não pode existir sem o yang e vice-versa. Somente na proporção correta é que nos sentimos relaxados e equilibrados. E as mães felizes tendem a facilitar tudo o que lhes cai nas mãos. Então,

Permita-se um pouco de tudo!

Isso soa bem. Isso nos faz bem. O resultado é uma carreira mesmo com a maternidade, sexo apesar das estrias da gravidez, calça tamanho 38 mesmo tomando café com açúcar. Música clássica e forró. Só porque uma coisa está certa não quer dizer que a outra esteja errada.

Busque equilíbrio:

- Procure uma sombra no verão.
- Vá ao solário na estação escura do ano.

- Coloque uma pitada de sal no pudim.

- Filosofe sobre o conceito de luxo quando seu extrato bancário estiver negativo.

- Regue sua estréia gloriosa no Programa do Milhão com um copo de leite.

- Continue calmamente descascando as batatas quando seus filhos se machucam.

- Tome um copo d'água nas refeições e coma antes de ir para a degustação de vinhos.

Da próxima vez que você estiver em dúvida sobre terminar a noite na frente da TV com um pacote de salgadinhos, mesmo tendo discursado para as crianças sobre alimentação saudável, pense no equilíbrio dos elementos. Depois de três refeições yin e de um livro educativo, já está mais do que na hora de contrabalançar com um pacote de 250g de yang para o jantar.

Em que momentos as mães felizes querem ser mais modestas

Brindes e outros tesouros

Existem pessoas que, num sábado ensolarado, jogam as crianças no carro e as levam ao centro comercial, a 10 quilômetros de distância, só porque nesse dia, levando 10 quilos de laranjas, ganham um balde de plástico de brinde.

Esses pais pensam que o balde é dado de graça. Grande engano! Você não paga efetivamente por ele no caixa. Entretanto, a diversão matinal e as duas horas de liberdade nas quais você teria ido para a floresta das fábulas já foram descontados da conta paterna. É um balde caro, uma vez que você realmente não precisava de mais um.

Brindes são um fenômeno. Existem pontos de bonificação, prêmios de fidelidade e assinaturas. Se compro um carro, eu ganho o ar-condicionado; e até mesmo da consulta do médico saio com algumas "amostras grátis de vitaminas".

É muito fácil pensar: se é de graça, não vai fazer mal se eu aceitar.

A rotina diária começa a ficar desse jeito, você chega em casa do parquinho com duas crianças famintas, tenta subir as escadas com um coelho de pelúcia, uma bolsa de bebê, duas pazinhas de areia e também essas duas doces crianças. Se acrescentarmos dois ridículos chapéus e um guarda-chuva, a coisa passa a ficar diferente!

Nenhum passo na nossa vida fica sem conseqüências. A moça do telemarketing vai telefonar exatamente na hora em que você se recolheu com seu marido para uma soneca íntima após o almoço. O simpático vendedor do financiamento sem taxas espera por uma explicação do porquê ele não pode fazer uma visita justamente hoje, quando você deixou seu filho correr sem fralda pelo chão impecável para pegar ar na bundinha com assaduras. Além disso, você precisa lembrar sua cabeça, já tresnoitada há quatro semanas, de solicitar uma assinatura gratuita do jornal, que desde o primeiro dia você sabe que não vai ler.

> Existem coisas que são grátis.
> Mas mesmo essas custam tempo,
> força e atenção. Invista nas relações
> e lembranças duradouras em vez
> de em canetas e bonequinhas
> de plástico.

No verão passado, fomos na feira de coisas usadas para vender todas as quinquilharias juntadas nos últimos quatro anos. Nosso lema era: Vender tudo! A máquina de café precisava trocar de dono. Recebi um monte de reprimendas por oferecer embalagens vazias de CD por 20 centavos para um homem, que disse: "Vocês não sabem o que estão perdendo! Vocês precisam colocar essas coisas na Internet em vez de desperdiçá-las aqui. Por essas embalagens de CD eu ganho tranqüilamente 30 vezes mais!"

No discurso lembrou dos filhos. O que eles diriam mais tarde, ao ter idade suficiente para dirigir o fusca carregado para a feira de coisas usadas? "Papai, obrigado por ter perambulado todos os finais de semana coletando brindes, enquanto outras famílias jogavam futebol com as crianças. Obrigado por ler encartes de propaganda para nós antes de dormir, com olhos sonhadores. De onde mais tiraríamos a ninharia com as quais você financia hoje nossa educação...?"

Fofoca no café e outros compromissos

Provavelmente não é por acaso que toda grávida ouve durante quase quarenta semanas a pergunta: "Para quando é o bebê?" Lá no fundo fica claro para ela onde foi que se meteu: Prazos!

Também conhecemos esse tema delicado nas nossas vidas anteriores como compradoras de seguros, freguesas ou pacientes. Naquele tempo fazíamos tranqüilamente malabarismos com horários marcados e consultas. Dessa forma, a realidade, de que depois do nascimento dos filhos triplicam as consultas no médico, não consegue nos assustar.

E mesmo assim esse assunto deixa praticamente toda mãe feliz ansiosa, irritada ou chateada de vez em quando. Pois, freqüentemente, esquecemos que a espécie "crianças" precisa de atenção especial no planejamento de horários.

> **As crianças ainda vivem com tempo livre, em vez de planejar seu tempo livre.**

Para sua filha tanto faz se hoje ela deveria ter vontade de brincar com a amiga, só porque isso foi combinado por telefone três semanas atrás. Meninas e meninos vivem o dia com uma despreocupação que para nós adultos já é estranha. O tempo é estruturado principalmente pelas brincadeiras e refeições, e o ritmo do sono é determinado pelo dedo e não pelo despertador. De manhã eles ainda não sabem o que a noite vai lhes trazer, e até o próximo carnaval para eles ainda há uma eternidade inimaginavelmente longa. Todos os adultos sabem que nunca mais terão um período de vida assim. Vamos lidar cuidadosamente com o tempo de vida das nossas crianças. O princípio deveria ser o seguinte: nós estipulamos os compromissos, em vez de sermos controlados por eles.

Isso não é óbvio, pois em muitas casas chega a valer a pena ter um programa de computador próprio para planejar o tempo livre. Para mim, está claro que o presidente de uma grande empresa não pode dizer: "Você está a fim de dar uma passadinha na assembléia da diretoria dos japoneses?" Mas me parece igualmente absurdo ter de marcar para tomar um café com a mãe da coleguinha dali a oito semanas, no início do trimestre.

Livre-se da pressão caseira por horários.

Sem dúvida você conhece as restrições que a vida com crianças pequenas traz consigo. Mas você está consciente também das liberdades que esta situação momentânea proporciona? Será que daqui a alguns anos você ainda vai estar passando margarina no pão de um time inteiro, e indo ao shopping de manhã sem planejar antes? Muitas vezes as mães são incrivelmente flexíveis no seu planejamento familiar, desde que não limitem sua liberdade pelas pressões de horário criadas por elas mesmas.

Cabelos curtos e outras mudanças

Hoje em dia estamos vivendo mudanças profundas, o fluxo e o refluxo não são contra elas. Nossa vida se transforma...

- Da calça tamanho 36 para 42 (e se tivermos sorte, o inverso também).
- Do quarto na república de estudantes para o sobrado geminado no condomínio novo.
- Da posição de especialista em finanças altamente solicitada para representante dos pais altamente discursiva na loja infantil (e, se tivermos sorte, o inverso também).
- De um fusca para um carro importado.
- Do costume de acordar somente depois das dez no domingo para o hábito de ir dormir logo depois das dez no sábado (e, se tivermos sorte, o inverso também).

Mudanças estão na ordem do dia na nossa rotina, e damos conta delas com a flexibilidade de um elástico. E como acabamos nos dando bem nisso, esquecemos de parar na hora certa! Pois sempre se tem alguma coisa para resolver, para renovar e para reformar. Trocamos o moisés pelo berço – e pela cama de criança, quando dois anos depois construímos o beliche. Até mesmo o tamanho das roupas das nossas crianças acompanha a tendência da mudança contínua para que sempre haja alguma coisa para separar e comprar.

**As mães felizes conseguem,
no momento certo,
deixar tudo como era antes!**

Às vezes vale a pena pensar por um momento se já não chegamos a um estado bom. Talvez já tenhamos chegado – sem conseguir perceber no meio da agitação – exatamente no ponto com o qual sonhávamos algum tempo atrás. Esse é o momento para fazermos uma pausa de meia hora, ou de dois meses, para nos alegrarmos com aquilo que alcançamos.

- Por que ir para o judô se suas filhas estão tão bem enturmadas no clube de futebol?
- Por que casar depois de 15 anos de união estável feliz, ou então ficar flertando com o cara da Internet, só porque seus hormônios não conseguem se comportar no meio do ciclo?
- Por que ficar matutando sobre cabelos curtos quando seu marido acabou de repetir que você fica bem de tranças?
- Por que não deixar seu filho brincar tranqüilamente com a gaveta dos sapatos e oferecer justo agora um quebra-cabeça para ele?
- Por que não deixar que as coisas aconteçam hoje de tarde, sem planejar cada hora?

O lema "tomar um chá enquanto espera" funciona surpreendentemente bem com os problemas do cotidiano. Experimente em casos de gripe, mau humor, ataques de fome durante a dieta, TPM, vizinhos ofendidos, saudades e mau tempo.

Declaração de imposto de renda e outros trabalhos

"Olhe para a minha louça e você terá uma visão da eternidade..." saudou-me uma amiga na semana passada. O ácido fólico e a paciência podem faltar (e também uma boa máquina de lavar pratos), mas o trabalho é uma daquelas coisas que nunca terminam. Por quê? Sem dúvida o trabalho faz parte da vida e, às vezes, pode nos divertir muito.

Seria magnífico se sempre fizéssemos nossa declaração de renda com entusiasmo eufórico e ficássemos com as bochechas vermelhas de contentamento ao buscar a cadeirinha da bicicleta no porão. Realmente, a lista de tarefas é tão grande que freqüentemente estamos cansadas e esgotadas, e mesmo assim nos mexemos sem parar. Isso vale a pena?

Não conseguimos escapar dos cansativos trabalhos rotineiros. Mas vale a pena deixar as tarefas e os planos de limpeza de lado se surgir uma oferta melhor.

Não tente planejar com três semanas de antecedência um convite espontâneo, um churrasco, uma visita-surpresa, ou uma idéia das crianças para brincar. Oportunidades assim surgem de uma hora para outra e esperam com toda a calma até que as agarremos, ou não. Estabeleça prioridades.

> Mães felizes, sempre que podem, agarram a "vida real" quando esta lhes é oferecida.

Concentre-se mais na vida do que nas preparações para ela. Brinque com as crianças em vez de correr pela cidade em busca de um brinquedo novo. Encontre-se com pessoas em vez ficar limpando as janelas para o caso de aparecer uma visita inesperada.

Só Deus sabe se esta noite seu marido vai perceber que você arrumou a gaveta das meias das crianças. Mas o seu bom humor, após o encontro casual com uma velha conhecida, realmente não passará despercebido.

A arte da espontaneidade torna-se muito fácil para aquelas mulheres que planejam com antecedência. Em agosto elas já estão pensando nos presentes de Natal. Assim elas podem aceitar tranqüilamente um convite inesperado para nadar no lago, mesmo que tenham outros planos. Certamente, com um pouco menos de perfeccionismo, você também entrará na linha.

Férias e outras coisas agradáveis

Você acaba de carregar as compras do final de semana, a correspondência e um bebê de cinco meses até o terceiro andar e resmunga: "Ufa! Estou precisando de férias!", e nesse momento o locutor do rádio anuncia: "Viaje para as Maldivas por uma semana. Aproveite nosso luxuoso clube de férias na remota ilha paradisíaca. Coma no nosso restaurante três estrelas e descubra a natureza intocada dando uma caminhada pela floresta..."

Nesse momento, tudo o que você mais quer é entrar no avião. Mas tome cuidado, nem todo paraíso é ideal para as crianças:

- Sua pediatra recomenda manter-se longe das viagens distantes quando você tem um bebê.
- No sétimo céu você vai passar o tempo todo cuidando para que ninguém caia enquanto brinca.
- No paraíso você vai passar o tempo todo atrás das crianças para que elas não comam as maçãs proibidas.

É difícil um paraíso vir sem diarréia, correntezas perigosas e horários desumanos de vôo, entre as duas e as quatro da manhã. Isso era para ser férias? Às vezes gastamos uma fortuna para ir a lugares que, para as mães, na verdade são mais desconfortáveis do que a própria casa.

Alegramo-nos durante o ano inteiro na expectativa de catorze dias num balneário paradisíaco e então passamos a primeira semana com chuva e a segunda com nosso marido com um espinho de ouriço-do-mar no pé.

Descanse onde você vai se sentir bem. Provavelmente será um lugar com bem pouco samba, mas com muitos lápis de cor.

Sugestões para alguns dias maravilhosos de férias:

- Você está com vontade de ter aventuras diferentes e fascinantes? Você acostumou seus filhos a dormir bem, desde o nascimento, para que pelo menos uma vez na vida você queira superar os limites de stress do seu corpo? Então a caminhada de seis semanas no deserto egípcio com certeza é a coisa certa para você. Mas se você de fato quiser se recuperar, desista pelos próximos anos de aventuras, perigos, esportes radicais e destinos de viagens que exijam vacinas caras.

- Procure um local onde as cadeirinhas de bebê sejam fixas no chão, e onde o clima e a comida façam bem a você e às crianças em vez de levá-las para o hospital. Já que você ainda não falou com São Pedro, não tenha pena de procurar um local com diversões para crianças.

- Não se esqueça: não importa o tipo de viagem que tenha escolhido, seus filhos vão brincar! Evite, portanto, as cobras venenosas, o centro de Londres ou de Tóquio e hotéis com mais de quatro estrelas. Escolha locais que estejam preparados para receber crianças que brincam. Essa é a melhor maneira de encontrar companheiros de brincadeiras para eles.

Não viaje para uma praia badalada só porque você ganhou a viagem de presente. Prefira ir para uma cidadezinha conhecida. Ou aproveite o tempo em que você e seu marido estiverem de férias para, finalmente, passar um tempo em casa. Planeje aquilo que durante o ano você desejou do fundo do coração. Se o seu interior gritar por café com leite, um papo sem interrupções com a melhor amiga e o filme *Harry e Sally*, então gaste a poupança de férias em um novo aparelho de DVD, uma nova babá e um novo recorde na conta telefônica.

Torne-se uma vencedora

**Passe um dia
sem reclamar**

Quem observa pode pensar que uma mãe que não vive reclamando deve perder a guarda dos filhos. A noite passada, a nova creche ou o preço das botinhas de borracha – nosso dia-a-dia é realmente cheio.

Por outro lado, levamos uma vida que muitos invejam: na nossa casa tem delícias compradas prontas. Somos as pessoas mais importantes do mundo para os nossos descendentes e para as lojas do shopping. Precisamos de apenas três segundos para nos conectar com novos amigos num meio de comunicação aberto. E os tempos de solteiro, nos quais era difícil ocupar as longas e solitárias tardes de domingo, nos parecem como uma outra vida.

Mas por que, então, reclamamos tanto? Isso enche a geladeira? Acalma as crianças? Resolve pelo menos um dos nossos problemas?

> A alegria de viver não tem absolutamente nada a ver com a realidade objetiva, mas se orienta exclusivamente pela avaliação que fazemos das coisas ao nosso redor.

Isso lhe parece simples demais?

Então faça esta experiência: tente, ao longo de um dia, evitar todos os comentários negativos. Você vai ficar espantada ao perceber quantas vezes uma palavra crítica ou uma profecia sombria vão aparecer em seus lábios. Pois as coisas têm a importância que damos a elas. Ao falarmos menos sobre a falta de tempo ou de sono, e do macarrão velho no chão da cozinha, tiramos seu poder sobre nós.

Você já parou para pensar que 82 milhões de pessoas no mundo às vezes têm dor de cabeça, cumprem prazos e pagam contas? Então não precisamos enfatizar isso o tempo todo, pois pertence à normalidade. Não existe ninguém que não tenha de realizar esforços diários, mas nem todos dão a eles o lugar mais importante em suas vidas.

Colombo se alimentava mal, Einstein sempre chegava atrasado e a ex-ministra das relações exteriores, Albright, escrevia sua tese de doutorado com crianças pequenas ao lado. Picasso sofria de indigestão e Michael Schumacher não estava satisfeito com seu corte de cabelo na última corrida. Não foi bem por esses motivos que essas pessoas ficaram famosas.

Acolha os temas realmente importantes para dentro da sua vida:

- Alongue a musculatura contraída das suas costas numa marcha de protesto contra o desmatamento das florestas tropicais.
- No parquinho, converse sobre profissões fantásticas.
- Na sala de espera, planeje suas próximas férias.
- Bodas de casamento, fins de semana ou a aquisição de um novo freezer – festeje sua vida em todas as oportunidades que se oferecerem!

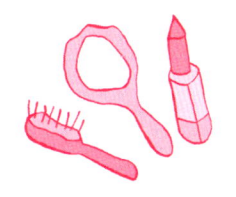

Considere a inveja uma coisa boa

Quando você, mais ou menos efetivamente, tiver retornado ao trabalho e confessar seu esgotamento e desespero para as outras mães, irá ouvir: "Querer se realizar à custa das crianças, isso não vai dar certo."

Já que você não se atira mais sobre qualquer trabalho não remunerado como se atira sobre a barra de chocolate noturna, você pode aproveitar algumas tardes de diversão com seus filhos. Quando você recusa organizar a festa na escola infantil, sua amiga lhe dá indiretas: "Ora, o que mais você tem pra fazer?", e a vizinha dela cochicha: "Ela pensa que é melhor do que os outros."

Você mostra sua casa recém-construída para os colegas, mas eles só têm comentários debochados: "É burguesa demais para o meu gosto."

Por que algumas pessoas reagem tão negativamente? É bem simples: elas estão com inveja! Os ataques de pessoas invejosas podem ser terrivelmente ofensivos. Mas são mais fáceis de suportar quando percebemos:

A inveja sempre aparece quando estamos no caminho certo.

Afinal, não é por acaso que justamente você pertença ao grupo das mães felizes. Você explicou seu bem-estar para a chefia. Você se decidiu conscientemente e fez alguma coisa. É por isso que mulheres corajosas como você são uma provocação para todos os que se contentam com pouco e empurram sua insatisfação friamente para o tempo ou para as épocas difíceis.

Não deixe os comentários maldosos dos outros acabarem com os seus sonhos. No caso de essas pessoas conseguirem deixar você tão insegura a ponto de desistir da visão idílica de viver no Canadá e colocar o jeans detonado de volta no armário em favor da singela calça social, então cante vitória aos pessimistas.

Assim que alguém vier de gozação com você, inverta a situação:

Você não acabou de reservar férias em Porto Seguro? Seus filhos conhecem assaduras e otite do ouvido médio apenas do livro ilustrado: A saúde da família? O seu filho mais novo, de onze meses, já anda? Ou você não precisa de injeções de hormônios porque um olhar desejoso do seu marido já é o suficiente para engravidá-la?

Que inveja! Quem se admira?

Encare a inveja como o reconhecimento de uma vida realizada e divertida. A não ser que você fique tão insegura a ponto de voltar cabisbaixa para o grupo das reclamonas insatisfeitas, não faz mal ouvir algumas provocações. Será que você não ficou mesmo um pouco arrogante, nariz empinado ou centrada na carreira? Nunca se sabe...

Vire uma estrela da televisão

A maioria das pessoas tem uma visão concreta de como deve parecer sua vida familiar: nada cai, o chão é limpo, o carro liga na primeira tentativa e vamos ao cabeleireiro para o aniversário de 60 anos da sogra. Pensamos:

> O normal é que nada aconteça.

Estamos constantemente em ação para algum dia alcançar esse estado, no qual todas as contas estão pagas e todas as janelas estão limpas.

Roteiristas de televisão têm outros ideais. O que tem efeito para um filme de ficção:

> O normal é que algo deve dar errado,
> e quanto mais, melhor.

É exatamente por isso que as comédias familiares têm o ibope de alguns milhões de telespectadores, pois segredos são divulgados, o microondas explode, a casa será palco de um seqüestro e o chefe do marido chega justamente na hora em que a esposa está de camisola de seda tentando pegar os sete porquinhos-da-índia ou tirando a ervilha do nariz da filha.

De modo geral isso tudo parece funcionar bem! Simplesmente faça de conta que você é a estrela de uma série de televisão da moda, tanto faz se for para passar o dia como Julia Roberts ou Katja Riemann.

Desempenhe o papel de uma maluca que vive a vida integralmente, confiante e cheia de energia. Imagine que milhões de telespectadores estão olhando por cima dos seus ombros, admirando-a por lidar com as pequenas catástrofes e brinquedos das crianças de forma tão confiante e feliz.

De agora em diante você vive numa mansão antiga, ampla, mas nunca arrumada. Para viagens longas de carro, você coloca os modernos óculos de sol no cabelo e canta, acompanhando a música do rádio. Você está vestindo duas blusas de lã coloridas, jogadas despretensiosamente uma sobre a outra e, para tomar banho, acende 82 velas. E se o seu filho novamente se recusar a escovar os dentes, você vai pegá-lo e lhe dizer em tom de voz firme: "OK, rapazinho, essa foi sua última chance..."

Finalmente, você está sentada com grossas meias de lã com sua melhor amiga junto à mesa bagunçada, filosofando ao sabor de um copo de vinho tinto sobre a espécie "homens".

Uma coisa é certa: a mente humana parece ser uma fã secreta das grandes comédias de televisão, pois estranhamente ela acredita nos espetáculos desse tipo. Se você fizer de conta que está confiante e feliz da vida, ela vai acreditar em você num curto espaço de tempo.

Havia mais telespectadores diante da tela em *Sex and the City* do que no primeiro pouso do homem na Lua, e o *Fantástico* já está no ar há milhares de semanas. Se você aprovar esse seu novo papel, nada impede que esse recorde seja quebrado...

Torne-se um exemplar único

Quando tinha quinze anos eu sonhava com um papel em Anos Dourados e usava preferencialmente o pulôver tricotado a mão do meu amigo, que ia até o joelho. Eu pensava:

> Ser especial faz a gente feliz.

Isso foi há dezoito anos e atualmente ele está jogado no porão (o pulôver, não o amigo). Outras coisas também mudaram. Desde que vivenciei a confusão que se forma assim que uma criança se desvia insignificantemente da tabela de peso, e de como pessoas proeminentes como Boris Becker[1] se dão mal nas perguntas sobre direção e paternidade, passei a pensar:

> Ser considerado normal
> faz a gente feliz.

Pode ser agradável pertencer à grande massa porque assim você encontra, sem problemas, sapatos do seu número e o mecânico não precisa mandar importar peças para o seu carro.

A coisa só tem um porém: ficar dentro da média feliz é mais difícil do que se pensa. Eu, por exemplo, tenho olhos de cores diferentes e uma necessidade gigantesca de chocolate. Um dos meus filhos se recusa persistentemente, há quatro anos, a subir os degraus da escada, contrariando a tabela oficial de desenvolvi-

---

1. Ex-jogador profissional de tênis e ex-número 1 mundial alemão.

mento infantil. E para mim é um mistério de onde devo tirar energia para manter a média alemã de fazer sexo duas vezes por semana. Desse ponto de vista devo reconhecer que:

> **Pode ser extenuante querer fazer parte da média.**

Talvez lhe falte também a motivação para sincronizar constantemente o equilíbrio hormonal, hábitos alimentares e o ritmo de sono de uma criança de um ano.

Então você se agarra à percepção das mães felizes:

> **É confortável ser um exemplar único.**

Mantenha-se no seu estilo de vida habitual. Sendo uma maluca conhecida na cidade, você não precisa ficar constantemente se justificando e pode fazer o que você e sua família querem:

- Quando velhos conhecidos aparecem na sua casa sem avisar, você resplandece pelo seu humor e não pelos talheres polidos.

- Você usa o seu moletom favorito dos tempos de escola em público por tanto tempo, que ele acaba entrando novamente na moda.

- Na noite de Natal você pede uma pizza e prefere escrever os cartões de Natal nas férias de verão.

- Você deixa seu filho ter um acesso de raiva na frente do balcão de doces e fica feliz com a sua vitalidade, em vez de se incomodar com os olhares da funcionária.

Ultrapasse seu limite de coragem

Enquanto mães, precisamos ter perseverança e capas de sofá laváveis, mas também precisamos de coragem. Você já foi mordida por um biscoito de arroz? Quando foi que a creche foi alvo de um assalto pela última vez? No geral, a vida no seio da família parece inofensiva.

Não se engane! A maioria de nós cultiva silenciosa e discretamente alguns passatempos:

- Como **bailarina na corda bamba** você corre riscos na tentativa de se equilibrar entre os seus papéis como mãe, amante e consultora auxiliar de impostos.
- Como **lutadora na selva** você se arranja no matagal impenetrável de vidros usados, pedaços de quebra-cabeça e desenhos infantis.
- Como **operadora da bolsa**, nem a penúria da idade, nem o preço dos beliches vai fazer você desistir de ter um terceiro filho.
- Como **transportadora de valores** você recomenda coragem e firmeza para levar a preciosa carga na cadeirinha da bicicleta através do trânsito todas as manhãs.

Mães felizes não são mais corajosas nem mais medrosas do que as outras mulheres. Entretanto, em tudo o que fazem elas seguem o seguinte lema:

Batidas do coração mais um.

Isso significa que elas não param quando atingem seu limite pessoal de coragem, sempre indo um pequeno passo adiante:

- Perguntam para as novas mães no playground se elas querem se encontrar em particular.
- Perguntam sobre a vaga de designer gráfico mesmo não tendo a menor idéia de como se organiza uma creche.

- Criticam abertamente os outros pais por entrarem duramente na justiça contra a professora, mesmo perdendo simpatia com isso.
- Solicitam os formulários de admissão para a escola superior de música.

Se você sempre fizer aquilo que, de qualquer modo, teria confiança para fazer, tudo continua como antes. (O que sem dúvida pode ser a melhor coisa, se você estiver sentada com seu marido na banheira, com uma taça de champanhe, festejando o lançamento do seu primeiro CD. Nesse caso você pode pular este capítulo.)

Mas se você esperar outros holofotes para os próximos anos, que não sejam a restituição do imposto de renda e a festa de Natal das crianças, então transponha seus limites de coragem. O lema "Batidas do coração mais um" lhe recompensa com variedade, com contatos interessantes e permite que você viva coisas com as quais nunca sonhou.

Entre mães

Não puxem o tapete uma da outra

Outro dia, na casa de amigas, eu folheava um livro cujo título era *Em forma depois do parto*. Ele mostrava a foto de uma mulher com um corpinho manequim 36, correndo no parque com seu bebê de dois meses no carrinho. A legenda da foto dizia: Você já pode começar no puerpério com atividades esportivas leves. Para nós, mães, é óbvio que o assoalho pélvico dessa jovem mulher está sacudindo ao ritmo do seu walkman, sendo que em cem metros ela já vai estar urinando nas calças, e somente os peitos sacudindo e pingando conseguem desviar o olhar dos transeuntes desse incidente.

Eu apostaria meu café com leite que foi um homem que escolheu essa foto, você não concorda? Uma mulher com suas próprias lembranças do puerpério não seria tão ignorante, pois as mães geralmente conhecem muito bem os problemas das suas semelhantes.

Para mães felizes isso significa:

> Nós, mães, deveríamos
> nos unir, em vez de dificultar
> a vida umas das outras.

Todas as mães lucram com uma dose de solidariedade, por mais diferentes que elas sejam. Ser solidário significa:

- Que as trabalhadoras na construção civil não colocam pedras no nosso caminho.
- Que as desportistas somam esforços com as outras mães.
- Que as fisioterapeutas não vão machucar as costas de alguém cansado de carregar bebês no canguru.
- Que as esposas de Ralf e Michael Schumacher não vão se bater de frente.

Mas vocês podem se apoiar mutuamente quando estiverem criando seus filhos mesmo sem serem famosas ou esportistas:

- Não coloque uma torta de nata na mesa quando o filho da amiga que está lhe fazendo uma visita tem intolerância a lactose.
- Ocasionalmente finja surdez, perda temporária de memória e perda de visão mais ou menos severa, quando outras mães estão lutando em público com um ataque de teimosia dos filhos.
- Em casos de suspeita de rubéola ou varicela, evite visitar casais que queiram sair em viagem de bodas em duas semanas.
- Distribua sorrisos quando encontrar mulheres com pacotes de fraldas no carrinho de compras ou restos de couve-flor no ombro.

Se todas as mães – que, aliás, deveriam ter os mesmos interesses – parassem de dificultar ainda mais a ginástica entre família, carreira e uma hora de sono depois do almoço, o clima ficaria amigável num instante.

Fuja da Supermãe

Existem propagandas na televisão que querem nos fazer acreditar que a experiência em comum de uma cesariana difícil e o preço cada vez mais alto dos sapatos infantis, automaticamente torna todas as mães irmãs. Só que a coisa não é exatamente assim.

Não é verdade que entre mães reina automaticamente a mais pura harmonia. Falando francamente, até existem algumas bastante esforçadas. Na nossa amostra populacional provavelmente encontraremos tantas otimistas, invejosas, alérgicas ou torcedoras de futebol como no resto da população.

As mães felizes pensaram no assunto e, para elas, está claro que não precisamos nem devemos nos entender bem com todas essas mulheres.

Quando converso com minhas amigas, volta e meia surge o assunto sobre um determinado tipo de mulher que consegue estragar o nosso dia-a-dia mais do que a roda quebrada do carrinho de bebê. Chamamos essas mulheres de Supermães.

Você conhece a Supermãe?

Ela consegue fazer um escândalo por causa do cheiro ruim do macacão do filho como outras o fariam no caso de um acidente ambiental. Os conceitos "higiene" e "estimulação precoce" são palavras mágicas para ela. A Supermãe anuncia com o peito estufado de orgulho: "Minha Viviane é tão diferente! Desde que nasceu só come pudim de chocolate", e logo em seguida se lamenta dizendo que a pequena está abatida, com problemas de digestão e alergia. Mulheres desse tipo gostam de falar dos seus filhos: "Os meninos são diferentes" e, sobre as filhas, "Ela é uma bobinha mesmo".

Elas falam demais. Elas fazem tudo demais: elas limpam muito e estão sempre levando os filhos para algum compromisso. Elas têm dez quebra-cabeças, dois clubes esportivos e seis vezes por semana encontros com amigas. Mães como a Supermãe leram muito sobre educação infantil e sempre têm muito o que organizar. Elas têm muitos assuntos e diversas coisas na cabeça para perceber como estão os outros ao seu redor.

Essa senhora lhe parece conhecida? Então o título deste capítulo deveria ser mais do que uma recomendação: Fuja da Supermãe!

Não esqueça de que você tem escolha: você quer passar os anos mais bonitos, mas também os mais cansativos da sua vida, com pessoas agitadas, egoístas e que adoram reclamar?

Seu local atual de trabalho tem algumas desvantagens; por exemplo, os turnos noturnos. Mas a vantagem é que você pode escolher na companhia de quem você vai estar no parquinho, na sala de estar ou nos aniversários infantis durante o turno das 80 horas diárias de trabalho.

Mães felizes sempre se conscientizam de que não são obrigadas a ocupar-se mais do que o necessário com a Supermãe.

Mas você vai dizer: "Mas afinal, ela mora no nosso prédio e nossos filhos vão ao mesmo clube de esportes..." Claro, mas nem por isso vocês precisam trabalhar juntas no mesmo empreendimento de pais, muito menos passar juntas as férias de verão.

Conviva com mães simpáticas que apóiem você. Procure mães que sabem o que realmente importa na vida, em vez de ficar dias a fio se lamentando, em dúvida se o biquíni novo caríssimo combina com o chinelinho ou não.

Infelizmente não dá para conhecer pessoas legais na hora que se quer. Na maioria das vezes, onde e quando encontrá-las é apenas uma questão de sorte. Entretanto, se você se deixar convencer a ficar sentada no sofá três tardes por semana com a Supermãe, para que ela possa ter um público para suas exibições, você certamente não terá oportunidade de fazer novas amizades.

Reserve um lugar para a sua mãe

Como mães, existem muitas pessoas com as quais gostamos de manter contato. Por exemplo, a dona da loja infantil, o entregador de pizza em domicílio e a atendente do pronto-socorro pediátrico. Mas por maior que possa ser o seu círculo de conhecidos, você deveria sempre reservar um lugar para a sua mãe. Tanto faz o papel que ela tenha desempenhado até agora; depois do nascimento do seu filho ela estará presente na sua vida:

- Ela espera com os olhos inchados em frente à sala de parto.
- Ela acredita (com razão) ser insubstituível como babá.
- Ela entra sorrateiramente nas suas lembranças, quando você toma leite quente com mel ou canta músicas de ninar para seus filhos.
- Ela olha para você, depois de quatro anos nos quais você não dormiu mais do que cinco horas a fio, na imagem do espelho do banheiro.

Que mulher é essa, que representa um papel tão importante na nossa vida?

A metade melhor

Ela cozinha, lava e passa para você e vai junto no aconselhamento de casal. Você liga para ela todas as vezes que vai amamentar para perguntar de qual seio é a vez. Além disso, você deu o nome ao seu filho em homenagem a ela, mesmo sendo um menino. Para você é inconcebível brigar com essa mulher. Para o seu marido, não.

A controladora
Se ela costuma visitá-la, você pode pular tranqüilamente o capítulo "Aceite a consciência pesada". Sua mãe faz jus aos maiores teólogos da moral do nosso país. Não se passa nenhum dia sem que ela faça seus comentários ácidos, de que até hoje não era comum na família fumar, comer margarina ou passar o Natal na praia.

A emigrante
Quando sua amiga leva os filhos no meio da semana para a casa dos avós para poder ir ao cinema, você fica com inveja. Sua mãe mora num outro país, numa cidade muito distante ou talvez na prisão. E, apesar de ela ter posto você no mundo e de ter levado você para a escola, ela sempre coloca sua carreira artística e o terceiro marido (de 23 anos!) em primeiro lugar.

A candidata ao programa de auditório
Você nunca tinha pensado em pisar num desses terríveis programas de auditório vespertinos, mas desde que teve seus filhos, passou a freqüentar todos os cartórios de registro na esperança de encontrar sua mãe biológica. Para o primeiro reencontro com sua mãe biológica, você se deixa maquiar por uma jovem profissional e se apresenta em frente às câmeras de TV.

Essas mães às vezes vêm sem anunciar, e exigem de nós coragem e força de caráter, em vez de se contentarem com uma xícara de café. Você terá de tomar uma decisão por si mesma: sua mãe é um exemplo para você ou é um motivo para que você queira fazer tudo diferente? Quais os valores e rituais que você quer assumir? Como você avalia sua infância agora que também é mãe? E o que seu filho vai pensar mais tarde sobre você como mãe?

Não pague as contas. Prefira agradecer

Minha amiga Cristina era uma profissional de sucesso na área de consultoria empresarial quando ficou grávida. O parto não foi nada fácil e isso não me impressiona. Para alguém tão eficiente como ela, deve ter sido uma experiência traumática ficar seis horas fazendo uma força sem fim para finalmente ouvir do obstetra que o mundo materno ainda não se abriu mais do que dois centímetros.

Desse ponto de vista, pessoas matematicamente pouco inteligentes, como eu, são ideais para criar os filhos. Somos feitas para esse mundo, no qual podemos tranqüilamente esquecer a lógica e a previsibilidade. Dar e receber quase nunca estão em equilíbrio na nossa rotina diária:

- Sua melhor amiga lhe empresta valiosas tralhas de bebê. Meio ano mais tarde você lhe devolve uma caixa com roupas velhas, manchadas de espinafre e desbotadas.

- Seus vizinhos transformam as escadas do prédio num lugar habitável, varrendo uma vez por semana. Você, por outro lado, cuida dos brinquedos que vivem espalhados, dos biscoitos de arroz pelo chão e da gritaria de uma criança vindo morta de cansada da escola.

- Sua amiga solteira não desiste de convidar e contar com você para festas e coquetéis. Você, como sempre, desiste na última hora com a desculpa esfarrapada de estar cansada.

Por mais agradecida que você esteja por poder contar no dia-a-dia com serviços de babá, sugestões e pulôveres infantis emprestados – muitas vezes falta tempo e forças para retribuir adequadamente um favor. Você considera isso um problema, mas a maioria das pessoas é mais compreensiva do que você pensa. Frente à realidade de que você, com um recém-nascido e uma irmã ciumenta, não consegue nem ir sozinha ao banheiro, as pessoas não vão se incomodar em receber apenas um cartão de Natal, em vez de calendários artesanais. Simplifique as coisas e faça aquilo que eu faço desde o tempo dos trabalhos de matemática na oitava série: pare de calcular!

Prefira agradecer. De coração. É fácil. Imediato. E é bom.

Os tempos nos quais demonstrávamos nossos agradecimentos simpáticos por meio de cartões feitos em casa e um cardápio sofisticado voltarão novamente.

Inadiável:
O trabalho doméstico

**Destine um lugar
para cada coisa**

Desde que você constituiu uma família, algumas coisas que você nem imaginava que existiam passaram a entrar na sua casa, como: brinquedos didáticos, travesseiros aromáticos, termômetros para banho e babás eletrônicas em formato de urso.

Mas onde guardar todas essas coisas? E, na hora da necessidade, como achá-las de modo rápido e fácil? Uma mãe não consegue ser feliz quando passa o tempo todo procurando coisas. Por isso arranje um lugar para cada coisa. Cada objeto na sua casa necessita de um endereço fixo, que sirva para ele.

Às vezes isso é fácil. Os sapatos pertencem à prateleira dos sapatos, o gel de banho ao banheiro e o gel de banho sobressalente fica na despensa. Mas onde colocar os moldes para a massinha de modelar, onde guardar as tampas das garrafas térmicas das crianças? E o que fazer com as peças da bombinha de leite?

Seja criativa

Muitas das coisas que você precisa no seu dia-a-dia podem ser compradas em lojas. O resto, pela necessidade, você precisa inventar. Só porque ainda não existe um bolsinho para a chupeta no berço do bebê não quer dizer que você não precise de um. Algumas pessoas precisam de uma mesa com rodas na cozinha, outras precisam de compartimentos secretos no toldo do carrinho de bebê, uma pasta para os desenhos mais bonitos da escola ou um suporte para bebidas no assento do carro.

Estofe, amarre, coloque potes e caixas ao alcance da mão. Crie ganchos, pastas e todo tipo de providências que lhe pareçam práticas.

Encontre um lugar adequado.

Não é sensato deixar a máquina de fazer gelo para coquetéis, dos nostálgicos tempos de festa, ocupando o balcão de trabalho na cozinha, quando cada vez que vai fazer uma mamadeira você precisa se abaixar para pegar o bico.

Não tenha pena de colocar etiquetas.

São muitas as coisas que você precisa administrar numa casa onde moram três a dez pessoas. E leva um certo tempo até se acostumar que a gaveta de baixo no quarto agora está reservada para as peças de inverno. Se você generosamente distribuir etiquetas com nomes do tipo "roupas de inverno" e "telefones importantes", você vai facilitar a vida do seu marido e da sua empregada também.

Seja flexível.

Por mais que você se orgulhe de ter costurado uma sacola para o cobertorzinho do seu filho, se ele estiver guardando os documentos para o exame de habilitação nela, é porque já está na hora de deixar que as mudanças aconteçam.

Por falar nisso, eu lembro que já podemos renomear o pote amarelo na prateleira do quarto das crianças. Há um ano ele está servindo para guardar as pecinhas e brinquedos que uma criança poderia engolir. O bebê está grande e os tempos mudaram. Hoje já é possível prever quando a máquina de gelo voltará a ser colocada em cima do balcão da cozinha. Agora que finalmente conseguimos dormir o suficiente, brincamos com a idéia de voltar a ter alguns convidados. Nesse caso seria ridículo procurar no último canto do armário da cozinha pelo dito acessório, não é mesmo?

Limpe o armário do corredor

Tanto faz o que se pensa sobre as configurações de ambiente chinesas como o Feng Shui, mas quando você contar para uma jovem mãe que em cada quarto deve haver um "Min Tang", um lugar visivelmente vazio, sobre o qual não pode ter nada de pé ou deitado, ela provavelmente vai concordar de todo o coração.

Talvez agora, com um bebê de colo, seria um luxo exagerado pintar o banheiro das visitas de um vermelho estimulante, ou impedir que a energia positiva escape pela janela da cozinha. Limite-se então ao essencial:

Limpe o armário do corredor.

Em muitas casas ele pode ser uma cômoda, uma mesa de telefone ou uma estante – estamos falando daquela peça de mobília que, ao entrar na residência, você enxerga primeiro. Ele configura o ponto de contato fundamental entre o dia-a-dia familiar e o "mundo lá fora".

Essa peça de mobília, com todas as suas superfícies e gavetas, via de regra serve como lugar natural para contas não pagas, chaves de bicicleta esquecidas, lembretes e folhetos de pizzaria que já estão com os preços defasados.

Isso não é espaço desperdiçado? Numa residência existem, como no teatro, os melhores lugares e os lugares em pé atrás da pilastra. Móveis no corredor são depósitos caros. Quem as pilhas velhas e os cadarços de sapato pensam que são, para reivindicarem o lugar de honra na nossa casa?

Quando você tiver limpado gavetas e superfícies, aparecerá espaço para tudo aquilo que você, como chefe do pequeno empreendimento familiar de sucesso, precisa diariamente: calendário, chaves, caneta e caderneta de telefones, por exemplo. Sobre a superfície do móvel deveria haver apenas um objeto que você conecte com algo positivo, talvez uma estatueta ou algumas flores.

Assim, ao voltar para casa, você verá um lugar no qual o mundo está em ordem, mesmo quando você acabou de receber um bilhete de castigo bem salgado e teve uma desagradável desavença com a professora das crianças.

Coloque um colchão no quarto das crianças

Alguns meses atrás encontrei a Regina no ônibus, uma velha conhecida que fez carreira trabalhando num Banco. "O que você aprontou nos últimos anos?", perguntou ela, depois de termos conversado sobre seguros de vida e horas extras.

"Bem, você sabe", disse eu com os olhos brilhando. "Eu tenho a impressão de mal ter saído de cima do grande colchão nos últimos anos. Um tempo maravilhoso..." Nesse momento tive certeza da atenção dos outros passageiros. Então não me contive e gritei no ônibus: "Felizes aqueles de nós que colocam um colchão no quarto das crianças."

Pois lá um colchão se transforma milagrosamente em:

Guarita de guarda-noturno
Infecções intestinais e o jacaré embaixo da cama "em tempos de best-sellers como *Como fazer seu filho ter uma noite tranqüila*", também nos levam a passar, mais vezes do que gostaríamos, uma parte da noite no quarto das crianças. Um colchão sobressalente vai protegê-la de uma friagem nos pés.

Oásis de bem-estar
Pessoas pequenas, para a tristeza dos pais, perdem o costume de dormir depois do almoço muito rápido.

Às vezes isso é muito duro, por exemplo, quando o próximo irmãozinho se anuncia e, no início da gravidez, um cansaço de chumbo se abate sobre nós. Em tais momentos daríamos tudo para fechar os olhos por alguns minutos. Você pode tirar uma soneca sobre o colchão no quarto das crianças, enquanto seu filhote penteia seus cachos com a escova do cachorro ou pinta as unhas do pé com canetinha hidrocor. O apelo do nosso corpo "dormir acima de tudo!" consegue ser absoluto.

Quadra de esportes

Um colchão oferece treino de ginástica para crianças de todas as idades. A menina de sete anos tenta uma parada de mão, enquanto o irmão de dez meses tenta se alçar sem ajuda para cima do degrau estofado. Ele serve como galho de árvore, trampolim, escorregador.

As "crianças do colchão" são aquelas que, mais tarde, levam os méritos de honra para casa após o torneio, que aprendem a andar de patins sem torcer o tornozelo e impressionam o primeiro grande amor, pulando confiantemente do telhado da garagem.

Central de comando

Tanto faz se você está telefonando, tomando café ou apartando brigas – você dirige o empreendimento familiar a partir do seu colchão e está na altura dos olhos dos seus filhos para brincar de Lego e quebra-cabeça. Seus joelhos e sua coluna vão lhe agradecer. O corpo de uma criança de quatro anos agüenta uma carga bem maior do que o dos seus pais. Nos primeiros anos de maternidade o ponto médio de vida de uma mulher transfere-se para o chão. Ali onde passamos tanto tempo é que deveríamos nos acomodar bem. Com grande probabilidade você passará nesses dois metros quadrados o dobro de tempo que na academia, pela qual você paga a mensalidade com férrea determinação.

Ainda conversei bastante com Regina durante a viagem de ônibus. Em breve ela virá passar um final de semana conosco. Onde você acha que ela vai dormir?

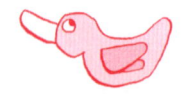

Arrume a bolsa na noite anterior

A consulta no pediatra está marcada para as 8h15. Sem problema! Você está acordando, amamentando, trocando fraldas, apartando brigas e enxaguando escovas de dente infantis desde as 5h30. Mas, finalmente, seus dois filhos estão parados ou engatinhando no chão da casa, prontos para sair. Agora só falta jogar a chave, dinheiro trocado e outras coisas necessárias na bolsa de bebê e lá vamos nós.

"O necessário" pesa seus bons cinco quilos e praticamente não cabe na mochila impermeável, pois não saímos de casa sem biscoitos, água, fraldas descartáveis, macacões, toalhas para amamentar, chupeta de reserva, toucas, celular, spray contra tosse pra Fernanda, o cachorro de pelúcia do Marcos e, de acordo com a programação do dia, exames para o pediatra ou um presente de aniversário.

Para pessoas famosas como Amyr Klink pode ser moleza atravessar o oceano a remo, vestindo apenas uma sunga; porém, para mães, as condições são outras. Pelo que sei, Amyr Klink consegue pegar no sono sem uma chupeta.

A bolsa então precisa ir junto. Se o seu conteúdo está completo ou se as luvas de reserva ficaram na mesa da cozinha, isso vamos descobrir no decorrer do dia.

Mas não adianta; por mais que se esforce de manhã para pensar em tudo, alguma coisa sempre acaba faltando. Isso é bastante compreensível. Nenhuma pessoa normal consegue se concentrar no frenesi de atividade de um formigueiro e com o nível de ruído de um Boeing decolando.

Claro que você não precisa exatamente arrumar a sacola no agito da manhã. Prefira sacrificar cinco minutos do tempo sagrado em que as crianças estão dormindo e arrume a sacola na noite anterior. Esconda-a depois no freezer ou, pelo menos, pendure-a suficientemente alto no armário para que sua filha curiosa não consiga desarrumá-la na manhã seguinte, enquanto você ainda procura, no último minuto, os tênis da irmã gêmea.

Quando a bolsa estiver arrumada não vai acontecer nada mais trágico nesse dia. Mesmo no caso de encontrar Amyr Klink, você estará preparada. Você pode cuidar das mãos calejadas dele com sua pomada para feridas e fortalecê-lo com um biscoito de arroz.

Brinque com seu companheiro o jogo dos dez minutos

Se meu companheiro e eu fôssemos casados, quem sabe já não estaríamos separados, não fosse o jogo dos dez minutos. Desde que tivemos filhos, a tranqüilidade da nossa relação está, em grande parte, baseada nisso. O jogo dos dez minutos não é nenhuma prática sexual e nenhuma dinâmica de terapia de casal.

Significa, pura e simplesmente, a rápida arrumação da casa depois que as crianças foram para a cama. O essencial é remover juntos os piores vestígios de um dia cheio, de forma rápida, eficiente e com tempo limitado.

Imagine que você estivesse participando de uma gincana e a professora anunciasse entusiasticamente as instruções do jogo: "Eliminem os vestígios mais grosseiros desse dia. O que vocês enxergam primeiro?" Assim, se você quiser juntar pontos no jogo, limpe a mesa da cozinha e pendure os casacos amarrotados das crianças no armário, em vez de limpar os cantinhos no fundo do armário da despensa.

Coloque o cronômetro para marcar dez minutos e juntem o que conseguirem. Não conversem um com o outro, não comam e não vão ao banheiro. Vai ser a última vez nesse dia que você vai ter de se apressar, pois aquilo que não foi resolvido nesse tempo vai ter de esperar até o dia seguinte, sem exceção. A partir de agora seu bem-merecido descanso tem prioridade. Você vai se admirar como sua casa vai ficar mais confortável após esse curto espaço de tempo. E nada de fazer isso sozinha! Você pode exigir do seu marido cansado, que não se anima muito com o trabalho doméstico, um período administrável de dez minutos.

O jogo dos dez minutos – edição infantil

Desde muito cedo você também pode começar a arrumar o quarto de brinquedos junto com as crianças, para que você, no seu caminho real para uma vida como mãe feliz, não tropece no regador amarelo ou nas peças de Playmobil.

Nesse caso, eventualmente os dez minutos não vão ser suficientes. Em vez disso, jogue "Stop – arrumação" para motivar seus filhos: assim que todos os participantes estiverem ativamente trabalhando juntos, você grita stop e vocês olham juntos, estarrecidos, para a bagunça. A chamada "Segue" traz movimentação de novo e uma das crianças estará na vez de dar o sinal de stop. Uma pequena sugestão: Crie uma regra, o próximo stop só poderá ser dado quando a criança tiver acabado de arrumar aquilo que ela esteve trabalhando (quebra-cabeça, todas as peças do Lego, todos os livros).

Se esse modo se tornar repetitivo, aproveite o fato de que crianças a partir de quatro anos de idade estão na febre da competitividade para que "ser o primeiro" seja um jogo por si só. "Quem vai arrumar o último pedaço do trem de montar?" parece banal, mas fazê-los correr para arrumar tudo para vencer, funciona!

Importante: não se esqueça de jogar com eles e divulgar, animada, que a maior sorte do mundo será encontrar a última canetinha ou jogar a última peça de Lego na caixa.

Reforce o assunto alimentação

É incrível que o assunto "Como alimentar uma família?" ainda não tenha sido incorporado pelo *Grande dicionário das religiões do mundo*. Não existe um assunto que tenha bombardeado mais nosso modo de vida com tantas ideologias do que a briga entre colesterol e vitaminas.

Provavelmente você não é dessas mulheres para as quais temos de explicar a importância de uma alimentação saudável para elas e sua família. Mães esclarecidas sabem que verduras fazem bem para crianças de três anos e que refrigerante faz mal. Mesmo assim, em alguns momentos, jogamos exaustas a pizza congelada no forno, enquanto a apresentadora do jornal do meio-dia esclarece: "Alimentação saudável pode ser muito fácil. Tome bastante água e simplesmente coma uma maçã nos intervalos."

De que nos servem os conselhos de mulheres que têm tempo de sobra para fazer merchandising da sua própria linha de cosméticos? Para nada! Pois nós estamos cansadas, apressadas e desejosas por sorvete de chocolate, pois afinal essa é uma forma de orgia pecaminosa na qual não precisamos envolver a empregada.

Vamos chamar as coisas pelo nome e reconhecer que uma alimentação saudável sem exceções é impossível, enquanto...

- se paga uma fortuna por dois pepinos para salada na banca de produtos orgânicos,
- além do marido, um periquito e duas crianças pequenas, você também tem um patife interno pertencente à família que de

noite leva um pacote de salgadinhos para você comer no sofá,

- supostamente, todas as outras crianças sempre comem no McDonald's e levam salgadinhos para a refeição principal na escola, só seu filho nuuuuunca pode!
- com uma criança na anca esquerda e apenas três horas de sono nas costas, é muito mais fácil abrir uma caixa de ravióli do que refogar um monte de verduras com brotos de soja.

Por isso mães felizes criam o cardápio em três etapas:

1. Procure ter uma alimentação saudável!

Se você não conseguir, porque ir comprar produtos orgânicos no centro da cidade com trigêmeos exige demais de você, então:

2. Procure sempre que possível ter uma alimentação saudável!

Se você não conseguir fazer isso porque hoje você se sente tão acabada quanto a bomba de água da máquina de lavar e as suas boas intenções já a abandonaram às nove da manhã, na primeira pausa para o café, então:

3. Simplesmente não leve esse assunto tão a sério!

Mães felizes não querem desaconselhar ninguém de uma alimentação saudável. Essas mulheres somente lhe sugerem: se lhe faltarem momentaneamente energia e força de vontade para, três vezes por dia, analisar a quantidade de ácido fólico das refeições, não sobrecarregue o sistema imunológico do seu filho, já enfraquecido pelo açúcar e pela farinha branca, com censuras e inseguranças.

Pois comer é importante (e em muitos dias é a coisa mais sensual que é ofertada para uma jovem mãe em meio a roupas para lavar e contas de telefone), mas não é o único tema importante. Amor, segurança financeira ou o planejamento da festa ao ar livre necessitam igualmente da nossa atenção no dia-a-dia.

Comece a maratona de transporte

Quando eu ainda não tinha filhos, passava a vida na escrivaninha, na quadra de vôlei da escola, na cozinha da minha amiga e também, por alguns meses, nos braços do charmoso colega de apartamento dela. Eu saía mais ou menos pontualmente para chegar na hora nos lugares onde a "vida real" acontecia.

Desde que as minhas filhas passaram a me acompanhar constantemente, seja em pensamento ou nas cadeirinhas de bebê, algumas coisas mudaram. Os caminhos não são mais espaços entre A e B, mas sim o verdadeiro conteúdo da vida. Em primeiro lugar, tornaram-se vários caminhos (para o trabalho, para a escolinha, para o parquinho, para o pediatra, para a babá, para as compras, para os amiguinhos, para apresentações de música...).

Além disso, leva bem mais tempo quando temos duas meninas que querem subir em cada mureta, jogam-se chorando no chão e acham interessante tudo, tudo que as desviar do caminho. Minha amiga Ana diz:

Mostra-me como levas tuas crianças para a aula de natação que eu te direi quem és.

Eu não gostaria de concordar assim com ela, pois não levo minhas crianças para a aula de natação. E por isso não sou ninguém? Em compensação, ela certamente tem razão quando diz que algumas coisas são necessárias para a inevitável maratona de transporte de uma mãe:

Treinamento esportivo mental

Fique sabendo que precisar ir para algum lugar é uma tarefa pedagogicamente exigente. Não espere ir para o pediatra sem incidentes ou ir rapidamente ao supermercado buscar um litro de leite.

Prefira tentar ver o mundo com os olhos do seu filho. Daí você vai entender que, para o seu filho, é quase impossível pedalar para casa sem parar no caminho, precisando manter o equilíbrio mesmo tendo acabado de encontrar uma chupeta velha no meio-fio e pensando na briga feia com a coleguinha.

Aparato de treinamento valioso

Valorize um bom equipamento. Você tem bolsas práticas e pães para a primeira fome após a piscina? Ou você se incomoda diariamente com o fecho complicado do assento da bicicleta? Um sofá confortável pode ser incrivelmente importante para você, mas você certamente terá mais alegrias com bons sapatos e um casaco confortável com muitos bolsos.

Mantenha-se sempre tão flexível quanto puder no que se refere à escolha do meio de transporte. É um verdadeiro luxo poder escolher, de acordo com o tempo e a disposição, entre cadeirinhas de bicicleta, passagem de ônibus ou um longo passeio a pé.

O pensamento olímpico: o que vale é participar!

Tente nunca economizar tempo! Isso traria imediatamente ataques de preguiça como conseqüência. Conte logo com a possibilidade de que você vai chegar atrasada (tanto no caminho com a criança, quanto no caminho para pegar a criança). Fale a tempo com a pessoa responsável por seu filho sobre a possibilidade de que você não poderá chegar pontualmente no horário marcado para ir buscá-lo.

Calcule as várias horas que você passa no trajeto, em vez de revoltar-se sem sucesso. Aproveite o tempo para cantar, brincar, contar histórias ou para apostar uma corrida até a próxima entrada de garagem.

A homenagem ao vencedor

Em vez de se afligir com o fato de ver seu filho muito mais sobre a bicicleta do que de pijama, você deveria ficar orgulhosa do sucesso dele. Em todo o caso, ele alcançou naturalmente aquilo que você espera há anos: ele é independente!

Família é trabalho duro – Primeira ajuda em tempos difíceis

Aceite ajuda

Você conhece bem aquelas cenas de filmes americanos, nas quais a dona da casa serve um bufê do tamanho de uma quadra de vôlei e quando os convidados, em agradecimento, lhe trazem um bolo ela fala com indignação fingida: "Vocês não precisavam se incomodar..."

Na nossa cultura, aceitar ajuda sempre tem o gosto amargo da derrota. Só fazemos uma coisa feia dessas quando não conseguimos mais ficar de pé, após dois ataques de enxaqueca, um atropelamento e a segunda noite sem dormir. E assim que conseguimos respirar de novo, mandamos toda a equipe de ajuda para casa e fazemos tudo sozinhas, como sempre.

É compreensível não querer ser um fardo para os outros. Mas pesquisas demonstraram que nós gostamos ainda mais das pessoas para as quais podemos fazer um favor. Surpreendente, não?

Portanto, aceite ajuda. Outras pessoas de sucesso também o fazem:

O capitão de um grande navio de cruzeiro não pensa, nem em sonho, polir ele mesmo o seu navio. Astronautas não conseguem nem vestir o macacão sem ajuda da equipe de terra, ainda menos ir para a Lua e, mesmo no *Jogo do Milhão*, podemos aceitar a ajuda dos universitários.

Derrotas você consegue sozinha.
Vencedores sempre trabalham em equipe.

A equipe de consultores do presidente dos Estados Unidos tem o tamanho de uma pequena cidade. (Bem, se por acaso for difícil para você vê-lo como um vencedor, deve ser por outros motivos.)

Todas as pessoas em cargos importantes aceitam ajuda. Por isso é mais do que justo que, na criação dos nossos filhos, integrem-se à nossa vida babás, pronta-entrega de comida, passadeiras de roupa, avós, vizinhos, amigas, consultores de impostos e o serviço de resgate da polícia rodoviária.

Aprenda a enxergar ofertas de ajuda.
Existem bem mais vizinhos e amigos que nos oferecem ajuda do que pensamos. Não risque os ajudantes pagos tão rapidamente da lista das possibilidades: limpeza, consultores de ensino e de decoração, serviço de mudança e, por mim, pessoas que dizem a verdade ou organizadores de eventos para o sofisticado aniversário infantil.

Aprenda a não ver as ofertas de ajuda como clichês.
Se a outra mãe no parquinho quisesse apenas ser educada com você, ela poderia ter dito: "Seu carrinho de bebê é muito bonito!" em vez de acentuar, pela terceira vez: "Você pode levar as crianças lá em casa para ir ao cabeleireiro."

> Isso vale para ofertas de ajuda e heranças lucrativas:
> É preciso aceitá-las!

Assim sendo:

Aprenda a pedir ajuda.
Como sua amiga vai saber que você não dorme desde quarta-feira passada? Como sua vizinha vai imaginar que você poderia estar precisando da furadeira elétrica dela? Você não deveria superestimar os poderes paranormais das pessoas que a rodeiam, a não ser que elas andem com um gato preto ou com uma bola de cristal.

Cometa erros

Para Thomas J. Watson, do império corporativo IBM, vale a máxima: "Quem quiser progredir na minha empresa precisa duplicar seu número de erros." Afinal de contas, a oportunidade de tomar decisões erradas só surge para aquele que aceita assumir as tarefas.

Faça seus erros serem seus amigos, em vez de ir contra eles. Pois existem bons motivos para errar:

Seu filho aprende a lidar com as dificuldades.
Alguém tem de mostrar ao seu filho que o mundo não vai acabar por causa de uma briga, um pára-choque arranhado ou uma prova perdida. Você é um exemplo para ele, de como pedir desculpas e ficar em pé novamente.

Você motiva seu filho a tentar coisas difíceis.
Quão pequeno e fraco seu filho não se sentiria se você fosse sempre perfeita? Se a mamãe sempre consegue tudo, como o Super-homem, ele não precisa nem se esforçar. Fazer as coisas melhor do que seus pais é uma grande motivação para as crianças.

Seu companheiro também tem uma chance.
Ele não pode engravidar, ele não consegue amamentar e você também prefere fazer o purê de batatas. Ele iria gostar muito mais de viver com você se não tivesse a sensação de passar as noites sempre com a Supernanny.

Os erros contêm surpresas.
Colombo só tinha o caminho marítimo para as Índias na cabeça, e descobriu a América. Em decorrência de supostos erros e aberrações foram feitas as maiores descobertas e as invenções mais geniais do mundo. Cansada desse jeito, você esqueceu de levar a caminha de viagem do bebê nas férias? Quem sabe você não vai inventar e patentear uma cama feita de toalhas amarradas? Talvez no futuro você ganhe seu primeiro milhão com isso!

Pode-se aprender muito com os erros.
Passei muitos momentos maravilhosos com meus filhos, os quais acabei esquecendo logo depois. Em vez disso, na minha lembrança ficou aquela noite, há quatro anos, na qual comi cebola crua na salada antes de amamentar minha filha para colocá-la na cama. O castigo veio mais tarde, e durante a noite passei mais tempo ocupada com a flatulência de um bebê do que dormindo. Nesse meio tempo, passei a saber muito sobre a correta alimentação para a época da amamentação, sobre as fases de teimosia e como retirar manchas de caneta das fronhas. Os erros são bons mestres.

Você não pode mudar isso.
Infelizmente, nem nossa boa vontade, nem a palestra na universidade vão evitar que cometamos muitos erros na educação dos nossos filhos. A exclamação vinda do fundo do coração "meus pais são culpados" poderá, com certeza, ser muito bem usada pelo seu filho numa premiada comédia da TV, ou para desculpar suas características negativas do tipo roer unhas ou o fanatismo por sites de compras.

Decida-se

Seria a maior moleza ser uma mãe feliz se você não tivesse tantos problemas? Minha tia Suzana faz questão, nas suas viagens um tanto ousadas para a Índia, de manter um ditado que também serve para hora extras, aquecimento central quebrado e a alergia a cenouras do seu filho.

> Não existem problemas.
> Apenas decisões.

Observe a montanha de chocolate em pó que está nadando no leite do seu filho. De que ajudaria ficar olhando o monte escuro e desejar que ele se desmanchasse no ar? Você precisa trazer movimento para a coisa! Se você mexer, em segundos o pó se transforma em chocolate quente. Pois os problemas são algo estático. Quando nos decidimos, trazemos movimento para a situação, dissolvendo a maioria dos nossos montes pessoais de chocolate.

Decida-se imediatamente.
Não espere por um milagre. Em vez disso, escolha entre as possibilidades que se oferecem nesse momento. Esta noite, daqui a dois dias ou três semanas você provavelmente não estará mais inteligente do que agora. Ficar enrolando só dificulta as coisas mais ainda.

Esperamos demais por uma solução ideal que não virá.

Imagine que você precisa se mudar. Sua conta bancária lhe diz que você poderia alugar uma residência ou comprar uma casa bastante modesta numa região não tão desejada. Uma vez que você já avaliou suas finanças, é inútil ficar remoendo cada centavo na cabeça, noites a fio, e esperar por um milagre para conseguir comprar uma mansão com piscina. Decida por uma das reais possibilidades e prefira transformar sua energia para arrumar sua nova residência de forma organizada e bonita.

Não tenha medo de tomar decisões erradas.

Mães felizes não partem do princípio de que cada uma das suas decisões precisa ser necessariamente a correta. Elas só sabem que uma decisão que não resolve nada, *com certeza* é a decisão errada, porque ela nos bloqueia e nos dá a sensação de ter tomado a decisão correta.

Você pode mudar suas decisões ou corrigi-las a qualquer momento.

Se você mandou seu filho para a escola mesmo com dor de garganta, e meia hora depois você recebe uma ligação no escritório dizendo que ele está doente, você pode simplesmente ir buscá-lo.

Tanto faz se você está comprando pijamas infantis ou se o seu carro está pegando fogo, pense sem hesitar quais são as duas ou três alternativas que você tem à mão e decida-se espontaneamente. Dessa forma o problema sai do mundo e você tem tempo para resolver os próximos passos.

Não faça duas coisas ao mesmo tempo

O que gosto no fato de ser mãe é da intensidade e do ritmo alucinante que caracterizam o nosso dia-a-dia. Não é de admirar, pois há ainda muitas coisas no programa dos próximos anos que precisamos aprender, reservar, curar, anotar, empacotar e limpar. Por isso o lema de um dia bastante normal é:

> Não faça duas coisas ao
> mesmo tempo, faça sete!

Seguimos essa recomendação com bastante naturalidade. Falamos com a secretária eletrônica da pediatra enquanto trocamos as fraldas do bebê, supervisionamos a filha de cinco anos enquanto ela faz dobraduras em papel e chutamos o saco de lixo fedorento no chão. Ao mesmo tempo, nos esforçamos para controlar os gastos do mês e descongelamos o refrigerador. E a produção de leite do próprio corpo continua mesmo assim. Fazer coisas ao mesmo tempo, isso as mulheres sabem bem!

Essa parte do livro trata da "primeira ajuda em tempos difíceis", e aqui valem outras regras. Quando o alarme interno tocar e parecer que alguma coisa acabou de sair do controle, então troque para uma medida de sobrevivência:

> Concentre-se em uma coisa só!

Por que você deve fazer isso?

Porque nessas situações seria perigoso querer fazer tudo ao mesmo tempo. Você se arrisca a ter outros problemas quando, em momentos de crise, continua a mexer em todas as panelas ao mesmo tempo.

Uma criança que resmunga, provavelmente logo estará berrando como se estivesse sendo espancada. A manteiga que está derretendo delicadamente na frigideira pode, num instante, se transformar num fogo de artifício espirrando gordura. Por isso, em momentos difíceis você deveria...

- No playground, primeiro terminar a discussão com o filho que está se debulhando em lágrimas para só então pegar o carro.
- Não telefonar enquanto você está com enxaqueca, atravessando a rua principal com o carrinho de bebê.
- Só começar os preparativos para o sofisticado suflê de queijo quando sua filha tiver terminado os experimentos com a caixa de tintas.

Celebre um ritual eficiente de meditação. Tanto faz se você se concentra trabalhando no jardim ou abrindo uma lata de milho. É a atitude mental que leva ao relaxamento como, por exemplo, na

"tradicional passada de pano na mesa"

Passe um pano na mesa da cozinha quando, mais uma vez, você estiver de cabeça cheia. Ignore, por um minuto, todos os outros trabalhos e as irmãs brigando no quarto ao lado. Inspire e expire tranqüilamente, como se você estivesse sentada na frente do aparelho de inalação do seu filho. Faça movimentos lentos e não pense em mais nada a não ser nos movimentos circulares do pano sobre a superfície da mesa. Gerações de mães já retomaram sua paz de espírito com uma embalagem de limpador multiuso.

Não faça nada durante cinco minutos

Quando telefono para a minha amiga Anelise, logo depois do show diário, e pergunto para ela: "O que você fez hoje?", ela me responde, geralmente meio dormindo: "Bem, na verdade quase nada..." Mas como eu já a conheço há vinte anos, sei que esse "nada" consiste no mínimo em duas braçadas de roupa lavada, o polimento das cadeiras da cozinha e leitura de três livros em voz alta. E quando o Instituto Nacional de Estatística entrevista minha amiga Carol por telefone, perguntando onde ela esteve empregada nos últimos dois anos, desde o nascimento da sua filha, ela responde teimosa: "Atualmente não estou fazendo nada."

Você ainda consegue isso, não fazer nada?

Ou, na maioria das vezes, você se acostumou com um constante agito de atividades regulares do tipo arrumar, escrever listas, encher mamadeiras, responder perguntas "por quê?" e ligar a máquina de lavar? No mais tardar, quando você não conseguir assistir a novela inteira sem, ao mesmo tempo, dobrar um monte bem, mas bem pequeno de roupas, então está na hora de desligar o motor materno.

As mães felizes de vez em quando ficam cinco minutos sem fazer nada.

Eu duvido que uma coisa dessas seja possível enquanto seus filhos estiverem acordados e perto de você. Mas quando você tiver a sorte rara de, por exemplo, sentar sozinha por meia hora num café, aproveite a oportunidade para simplesmente sentar e olhar à sua volta.

O que significa "não fazer nada"?

- Não ler nada.
- Não escrever mensagens SMS.
- Não separar recibos velhos do bolso da jaqueta.
- Não pedir um segundo cappuccino.

- Não revirar pacotes de guloseimas.
- Não escrever rapidamente um lembrete porque o carro precisa ir para a oficina.

Não fazer nada só porque não se tem nada para fazer agora? Isso não é usual entre as mães. E, mesmo assim, você deveria se permitir ficar totalmente sem fazer nada. Senão pode acontecer que, no dia-a-dia, apesar de todos os sinais de aviso, você continue na função porque esqueceu onde fica o freio de emergência.

> **Não se desaprende a nadar.**
> **Não fazer nada exige treino regular.**

São exatamente nesses cinco minutos que somos sempre mais rápidas, melhores e mais eficientes do que o resto do mundo. Tome consciência, por um pequeno momento, de que o mundo continua girando sem você e que pode ser bom pertencer apenas às estatísticas.

Faça um passeio de adulto

Minha amiga Anelise vai pelo menos uma vez por semana ao treino de vôlei. É evidente que o assoalho pélvico dela não foi muito afetado pelo nascimento dos dois filhos, já que ela consegue ficar pulando intensamente por aí.

Mães como Anelise, que não escolhem uma academia (como eu) só por causa da sauna aconchegante e da gostosa bebida láctea de amoras, entusiasmam-se em alto e bom tom: "É ótimo tirar a tensão do corpo!" Isso soa assim tão convincente que eu queria que a Anelise escrevesse um livro de sugestões com o título: *É assim que me convenço a praticar esportes*. Enquanto minha melhor amiga prefere passar seu tempo longe dos filhos na quadra de esportes em lugar da escrivaninha, eu só conheço um método de malhação contra stress físico e mental: vá passear.

Talvez você esteja resmungando entediada: "De novo essa história de passear? Eu praticamente não faço outra coisa o dia inteiro!" Não estou me referindo à luta ferrenha por cada metro de caminho, sobre a qual falamos no capítulo "Inicie a maratona de transportes". É mais uma questão de passear como os adultos fazem quando precisam tirar a tensão do corpo.

Se isso também for tedioso demais, você pode, nas horas de stress, jogar a louça contra a parede. (O que, sem dúvida, é menos comum. Principalmente para seus vizinhos.)

Por que uma coisa que soa tão sem graça pode fazer tão bem a você?

- Você pode ficar quieta em vez de conversar e responder sem parar se ainda é longe, se você vai comprar um sorvete e de onde vem o risco branco no céu.

- Você não precisa empurrar nada nem carregar nada que esteja cheio de areia ou pese mais de dois quilos.

- Você pode decidir o trajeto sozinha. Você não precisa evitar, antecipadamente, nem ruas movimentadas, nem sorveterias e pode inclusive entrar em bares e encontrar velhos conhecidos, conversar bastante, ir ao show do seu cantor favorito por impulso, virar a noite... – Ah, acho que estou divagando!

- Você se livra da energia negativa e descobre, olhando alguns torcedores barulhentos do Corinthians, que ainda existe vida normal, apesar das tintas de dedo e da profilaxia dentária.

- Você vai se lembrar de como é fácil dominar as beiras das calçadas e os grandes cruzamentos quando excepcionalmente não se leva junto crianças no carrinho de bebê.

Pense nisso: você é o seu melhor cavalo da baia. Para um animal tão valioso, o chamado "trote pra secar" é importante quando ele foi muito exercitado ou suou muito. Isso não tem tanto a ver com a performance esportiva, e sim com uma caminhada para que o cavalo não esfrie demais e fique doente. Deixe o dia terminar em paz. Vai que você encontra alguns velhos conhecidos na frente do barzinho...

Bote a tristeza pra fora

Em cada uma de nós existe uma mãe feliz. Não se pode confundir sorte com bom humor permanente. Para quem supõe que por trás deste livro esteja a perfeita mulher de estilo com um sorriso permanente e voz suave, que lida incansavelmente com a carreira, filhos e noites com as amigas, a palavra lamento deve parecer estranha. É melhor você procurar mulheres assim nas propagandas da boneca Barbie. A vida real lhe confia mais paz, alegria, bolo de ovos!

Hoje em dia as pessoas não aceitam mais a tristeza. Ficar triste na nossa sociedade é quase um tabu. Por outro lado, por que é tão difícil encontrar pessoas que afirmam ser totalmente felizes? Mesmo quando a nossa vida é feita de etapas triunfantes, existem pequenos momentos nos quais podemos nos entristecer. São acontecimentos pessoais do cotidiano que exigem nossa atenção:

- Você está amamentando seu filho.
- Seu corpo se transformou durante a gravidez.
- Seu círculo de amigos e conhecidos mudou.
- Seu filho é diferente do que você imaginava.
- Seu estilo de educação está se afastando dos seus antigos ideais.
- Seu filho vai para a escola.
- Você vende as coisas do bebê.
- Seu filho feliz lembra você de passagens tristes da sua infância.

Como mãe feliz você não deveria deixar de botar a tristeza pra fora. Sentimentos negativos são como a instalação de um aquecimento a gás. É preciso regular pontualmente as instalações tóxicas para que o aparelho possa silenciosamente encher a casa de calor. Porém, quem quiser evitar os custos de manutenção, logo terá temperaturas desagradavelmente baixas na sua residência, correndo o risco de o aparelho explodir no seu rosto.

Somente quem conseguir lamentar poderá também ser feliz. Quem tiver coragem de ficar triste não precisa de amortecimento nem de um escudo reforçado contra outras pessoas. Torne seus filhos fortes ao ensiná-los que a tristeza faz parte da vida.

Faça um desvio

Agora que já comecei a ver gente de novo (falarei mais sobre isso no capítulo "Combine sair com seu marido"), Jens e eu nos revezamos na escolha do programa. Ele gosta de ir ao clube ou a bares temáticos. Por outro lado, eu sempre escolho o restaurante chinês da esquina. Eu gosto de lá, mesmo que meu marido erroneamente ache que eu vou lá só porque tem sugestões educativas, em forma de biscoitos da sorte, de sobremesa. Sempre vamos ao restaurante chinês Jardim de Lótus, sempre peço o prato número 37 e uma cerveja grande, e sempre chegamos lá meia hora atrasados.

Chegar atrasada já faz parte da minha vida tão naturalmente quanto dores na nuca ou o casaco manchado. Parece que as crianças desenvolvem rapidamente aquelas qualidades necessárias para atrasar ao máximo os planos da mamãe.

> Tanto faz quanto tempo dedicamos aos preparativos de saída, no final sempre fica apertado.

Os bebês regurgitam o leite na porta de saída. Crianças pequenas começam a chorar porque não conseguem encontrar os tênis e o filho de dois anos, como quem não quer nada, bagunçou a geladeira enquanto enfiávamos um casaco no recém-nascido. Meus filhos, às vezes, se parecem com aqueles pára-quedas que ajudam as cápsulas espaciais a não pousar rápido demais...

Apenas uma vez Jens e eu chegamos pontualmente no restaurante chinês. Nesse dia estava escrito no bilhete da sorte:

> "Quando você pensa que vai
> chegar atrasado, faça um desvio."

Em vez de, ironicamente, mandar o bilhete para a associação dos motoristas de táxi ou para o fabricante dos atuais sistemas de navegação, as mães felizes e eu nos submetemos ao ditado como num teste de campo. Mesmo quando o relógio bate inexoravelmente, aceitamos um desvio:

- No último instante ainda buscamos no quarto o ursinho de pelúcia para o nosso filho e, na maior calma, observamos as tentativas dele de fechar o velcro sozinho.
- Paramos a cada instante para um papo com conhecidos ou explicamos o caminho para uma determinada rua a motoristas.
- Buscamos algo na farmácia para uma amiga e levamos para ela de noite, mesmo com os preparativos para a viagem de férias nos esperando em casa.
- Vamos pelo caminho do parque com toda a calma do mundo, mesmo ele sendo uns cem metros mais longo.

O resultado nos convenceu. Esse pequeno desvio faz as coisas se encaixarem. Em momentos de stress nosso cérebro avisa: "O mundo vai cair se não chegarmos à escola das crianças na hora. Por isso precisamos atravessar a rua com vinte segundos de vantagem e não podemos parar para cumprimentar a vizinha. Nem na melhor das hipóteses."

O pequeno desvio, por sua vez, nos permite ir contra a nossa razão fatigada: "Minha querida cabeça, você está realmente exagerando. O pior que pode acontecer é um olhar reprovador da professora porque, mais uma vez, chegamos atrasados à escola. No final das contas, economiza-se tempo começando as coisas lentamente, pois o papo com a vizinha leva dois minutos. A sua velocidade ideal, por outro lado, nos leva diretamente para a emergência do hospital mais próximo."

E assim também dizia o ditado: "Quando você pensa que o dia deveria ter 27 horas para você conseguir fazer tudo, então faça um desvio na forma de uma pausa de meia hora na mesa da cozinha. Faça uma lista e pense com tranqüilidade. Você logo recupera esses trinta minutos e consegue fazer tudo o que for necessário."

"Por que você não escreve isso logo?", Jens quer saber. Provavelmente porque não caberia nos dois centímetros quadrados do papel do biscoito da sorte.

Transforme-se numa mãe entre muitas

Uma famosa loja de departamentos imprime no outdoor o slogan: "Eu sou único", e seu marido a considera tão singular que ele se casou com você apesar do seu amor por pijamas de lã com estampas coloridas. Às vezes, é legal ser especial.

Para outras pessoas, capítulos bem intencionados como "Torne-se um exemplar único" são uma exigência excessiva, pois elas não querem mais nada além de vagar pelo meio da multidão e ouvir das outras mulheres: "Sei como você se sente. Comigo também foi assim." Se todas as outras mulheres da sua vizinhança só conhecerem o tema "crianças" por causa do filme *Esqueceram de mim* ou se não estiverem a fim de papo porque têm dores, nos momentos difíceis você poderá recorrer à Associação Mundial das Mães. Lembre-se de que incontáveis mães, no mundo todo, estão passando nesse momento o mesmo que você:

- Elas estão perambulando pela casa nesse exato momento, às 3 e 17 da manhã, com pés gelados e um bebê que berra feito uma sirene.
- Elas respondem pela décima sétima vez à pergunta "Por quê?"
- Estão penduradas há três horas no vaso sanitário acompanhadas dos comentários da sogra: "Então, com certeza vai ser uma menina!"
- Não conseguem pensar direito de tanta preocupação porque seu filho esquimó hoje foi pescar pela primeira vez.

- Nas escolas infantis no mundo afora, elas estão tentando fazer uma criança cansada soltar o pescoço da boneca para colocar o casaco.

Livre-se da idéia de que está em suas mãos se essa criança vai dormir ou não. Aparentemente os problemas de amamentação, os resfriados e o momento no qual sua filha pede uma Barbie obedecem a uma ordem superior.

Quando tantas mulheres sentem o mesmo e têm as mesmas experiências, algo conspira para que a natureza nos tenha provido com as competências necessárias para dominar essas situações.

Procure deuses de jaleco branco

O que torna um médico bom? Ele é simpático e escuta você. Ele a apóia, em vez de desencorajá-la com críticas. Ele é um especialista no seu ramo. Ele não só trata de você, mas também a deixa mais saudável. Isso parece óbvio, mas a realidade muitas vezes é diferente.

A humanidade ainda se divide entre os que se deixam maltratar pelo médico e aqueles que procuram um consultor de saúde que faça jus ao nome. A possibilidade da livre escolha do médico parece que ainda não se espalhou por aí.

Os médicos pertencem àquelas pessoas na nossa vida das quais dependemos nos momentos difíceis. Por isso as mães felizes são impertinentes. Elas não se satisfazem com um idiota da categoria, cansado da profissão, quando existem pessoas que merecem o título de "deuses de jaleco branco". Pois realmente existem médicos que podem ajudar você e a seus filhos.

Os métodos naturais de cura estão preponderantemente entre os meus preferidos. Eles cuidam para que você não precise continuar indo ao médico, logo após o tratamento, por causa dos efeitos colaterais. Eu canto uma música de louvor para a nossa pediatra, pois ela trata dos acessos de tosse noturnos da minha filha e dos telefonemas histéricos da mãe dela usando somente palavras de conforto, mesmo podendo ganhar mais com o antibiótico. Rendo homenagens à minha ginecologista, porque ela me enche tanto com suas perguntas, até conseguir encontrar, entre 1001 bolinhas praticamente iguais, exatamente aquela que funciona contra alterações hormonais ou problemas de amamentação.

Os seus deuses talvez sejam divinos para você por outros motivos. Você aprecia a meticulosidade do seu médico? Seu jeito humano ou os modernos métodos de exame?

Os exemplares divinos entre os médicos podem realizar milagres que não são explicáveis com a mera razão. Sua sabedoria vai muito além dos conhecimentos acadêmicos da área. Nunca ouvi falar, na história da humanidade, de deuses que não fazem mais que sacar o receituário e olhar para a agenda quando as aflitas criaturas aparecem com crises existenciais.

Na verdade, sabemos também que não se deve importunar as divindades desnecessariamente com coisas pequenas. Algumas pessoas levam as dificuldades cotidianas para o médico, pois é mais cômodo do que assumir a própria saúde. Ajude a si mesma e assim o deus de jaleco branco a ajudará.

Infelizmente, nem todas as pessoas maravilhosas estão no "D" das páginas amarelas. Você precisa se informar e experimentar, para encontrar alguém que seja ideal para as suas exigências.

Você tem o direito de ter uma verdadeira ajuda ao seu lado quando se tratar do importante tema saúde.

Crianças mais ou menos felizes

Mais ou menos é mais do que suficiente

Quando você ligar a televisão hoje à noite provavelmente verá mães na novela dizendo para os filhos: "Eu só quero o seu bem, meu filho." Você sorri, apesar da tragédia que se esconde por trás disso.

Um livro sobre a felicidade das mães é sempre, também, um livro sobre a felicidade dos filhos. Pois em relação à falta de sono e os tigres dentes-de-sabre somos muito valentes, mas quando observamos que nosso filho sofre deboches no playground, nosso coração quase se rasga. Por isso pintamos o quarto de brinquedos de amarelo suave, somos representantes de turma na escola infantil e renunciamos à carreira de Miss.

Queremos apenas que eles sejam felizes!

Muitas vezes esquecemos que não adianta querer que nossos filhos sejam iguais aos pirralhos despreocupados das propagandas de balas e doces. E por isso os pequenos volta e meia estão chorando, não se entendem com as outras crianças, são deixados de lado, têm azar e resmungam insatisfeitos, apesar das duas semanas de aventuras nas férias com o pai.

Quem pergunta: "Como vai você?", muitas vezes recebe uma resposta sincera: "Vou indo", "Não tão bem assim", "Bom..." Aquilo que é considerado normal para a maioria da população também vale para a felicidade dos nossos filhos: mais ou menos é mais do que suficiente.

O que aconteceria se você se empenhasse demais em fazer seu filho feliz?

- Você coloca isso sob pressão por resultados. É legal você acreditar na capacidade dos seus filhos. Mas a tarefa de encontrar o caminho para a paz e a felicidade interior já extenuou pensadores e filósofos respeitáveis. Quem sabe você deixa seu filho brincar de Lego por uns três anos antes de jogar sobre ele expectativas pelas quais Gandhi teria recebido o prêmio Nobel da paz!

- Você diz que faria tudo para ver seu filho bem. Meus antigos professores podem confirmar minha incapacidade para a matemática, mas isso eu consegui captar: Tudo = 100%. Dessa forma é lógico que não sobra nada para você mesma. Você se dedica totalmente, mas isso pode se tornar perigoso. As reservas de energia aparentemente ilimitadas de uma usina atômica também não existem sem risco.

- Você mostra para o seu filho como se amarra os sapatos e como funciona o caminhão de lixo. Se você quiser que o seu filho seja feliz, precisa ensinar as coisas para ele e ser um exemplo educativo. E assim chegamos ao ponto principal. Você se preocupa o suficiente com seus relacionamentos, sua saúde e seu próprio bem-estar?

- Mães que tentam manter seus filhos constantemente bem-humorados, através de cursos criativos e visitas à feira de Natal, estão sinalizando para eles: "A infelicidade precisa ser evitada a qualquer preço!" Já que nunca conseguimos escapar totalmente do lado sombrio da vida, prefira mostrar: "Você também consegue agüentar tempos difíceis e vai perceber que: na maioria das vezes é só um pouco ruim."

Aceite a consciência pesada

Frentes frias, amizades femininas e dentes de leite vêm e vão – a consciência pesada de uma mãe permanece.

Parece que só as mães conseguem traduzir qualquer situação cotidiana para o vocabulário das auto-acusações:

"**Meu filho não está no clube de ginástica.**"
Meu filho não tem desenvolvimento motor.

"**Meu filho agora está no clube de ginástica.**"
Meu filho não pode aproveitar livremente sua infância porque a ambiciosa mãe o sobrecarrega com atividades.

"**Henrique pode comprar um sorvete.**"
Meu filho está se alimentando mal.

"**Henrique não pode comprar um sorvete.**"
Eu separo meu filho dos amigos. Ele sofre com uma mãe careta.

"**Vou com meu marido ao cinema.**"
Estou negligenciando meus filhos.

"Vou com minha amiga ao cinema."
Estou negligenciando meu marido.

"Eu não vou ao cinema."
Está na hora de fazer alguma coisa por mim.

Às vezes, meu marido considera mais fácil aprender chinês do que responder às ponderações e as auto-repreensões da esposa. As mães, evidentemente, têm uma consciência pesada de nascença. Os homens não têm essa característica genética de se auto-acusar.

Aceite sua consciência pesada como aquilo que ela é:

Um fenômeno colocado pela natureza. Assim que a coisa se desenvolver de forma excessiva é bom ir contra, mas querer se livrar totalmente está fora da realidade.

A mãe natureza com certeza sabe o que faz, pois as incertezas maternas ajudam você a...

- Juntar energia suficiente para se arrastar ao centro de cultura no meio de uma gripe com infecção gastrintestinal para que sua filha consiga uma vaga nas aulas de música.

- Fazer contato com outras mães. Quando confessamos em lágrimas: "Deve ser culpa minha que meu filho tem alergia a espinafre", nos tornamos mais humanas e acessíveis.

- Apoiar um ramo inteiro da indústria. Você compra doces, roupas infantis e brinquedos pedagógicos. Sua consciência pesada garante centenas de postos de trabalho.

Respeite o ritmo do seu filho

Entre nós existem mulheres que conseguem....

- Fazer uma caminhada ecológica com crianças pequenas nas férias.
- Deixar a adaptação à nova babá exatamente para a semana em que haverá uma apresentação no trabalho que será decisiva para a sua carreira.
- Durante a amamentação, planejar minuciosamente o tempo de acordo com o que está escrito no folheto de propaganda de alimentos para bebês.
- Viajar sem paradas para Campos do Jordão, acompanhada pelos gêmeos de um ano, para se deixarem mimar no hotel novo de quatro estrelas.

Você vê que realmente acredito que nós, mães, somos capazes de fazer muita coisa. Praticamente não existe nada, a não ser ejaculação precoce, que o multifacetado talento feminino não consiga fazer. Nesse ritmo, talvez tivéssemos que deixar nosso papel de mães felizes temporariamente no gelo.

As crianças têm seu próprio ritmo. Não é por má vontade que Lucas, de seis meses, troca o dia pela noite. Júlia precisa de uma eternidade, de manhã, para abrir a boca e fechar a calça jeans. Paulo, depois de três dias de chuva, não consegue sentar quieto à mesa de café da vovó. Querer lutar contra a natureza dos baixinhos exige força. Se você quiser facilitar seu dia-a-dia, observe alguns princípios:

Crianças têm fome e sede.

Em todas as situações da vida tenha sempre uma bebida e um pequeno lanche à mão. Amamente seu filho mais uma vez antes de iniciar a viagem de carro de três horas. Tente nunca ensinar algo complicado para seu filho meia hora antes do almoço.

Crianças querem se movimentar e fazer barulho.

Tenha um bom relacionamento com os seus vizinhos. Visite a amiga, sem filhos, dos tempos de escola, que mora na moderna cobertura, mas não leve seus filhos. Guarde a preciosa lâmpada *art nouveau* no sótão. Vá com seus filhos ao parque, em vez de ir ao cinema, e invista o dinheiro poupado em colchonetes da loja de móveis.

Crianças precisam de crianças.

A não ser que o seu amor por crianças ou o DIU deslocado estejam contribuindo para a sua reprodução, passe tempo suficiente em playgrounds, com mães conhecidas e grupos de bebês. Companheiros de infância adequados facilitam o dia-a-dia das mães felizes mais do que balas de goma, programas de TV infantis e a própria saia da mamãe. Portanto, só tire férias num lugar onde seja permitido brincar de esconde-esconde. Isso aumenta as chances de você também se divertir bastante na época mais bonita do ano.

Crianças precisam dormir.

Mesmo quando o filme que você tanto queria assistir só vai passar às 23h30. Mesmo quando você não via sua amiga há tempos e as crianças estão tranqüilamente assistindo ao seu programa favorito. Mesmo quando seus filhos constatam, com a resistência de um corredor de maratona: "Eu nem estou cansado!" As crianças precisam dormir e, de preferência, regularmente. Do contrário, será muito difícil manter o status de mãe feliz.

Aprenda a conhecer seus filhos

A não ser que, logo após o nascimento há oito anos, você tenha repassado a guarda do seu filho para o pai dele, que mora em outro país, esse título poderá lhe parecer estranho. Afinal de contas, você conhece seus filhos melhor do que ninguém. Quase ninguém, a não ser você, sabe da pequena mancha hepática no umbigo do seu filho e consegue, com certeza absoluta, recitar as cinco comidas prediletas dele.

Eu também tenho certeza de saber tudo sobre os meus filhos: a mais velha, por exemplo, é tímida e reservada. Ela gosta de brincar de dobradura, toma pouco líquido, precisa de duas horas de sono depois do almoço e ainda não consegue fechar o velcro da jaqueta de inverno sozinha. Mas isso é verdade?

Observe seu filho, de preferência de longe, sem chamar a atenção, quando ele estiver concentrado na brincadeira. Tente vê-lo por dois minutos da forma mais consciente e imparcial possível. Quem é essa pessoa que divide o prato de macarrão e o sofá com você dia após dia?

A imagem que tenho do meu filho está correta? Ou são imaginações desejosas, medos ou comentários já ultrapassados da sogra, pelos quais estou me guiando? Arrisque as teses mais divergentes: Meu filho, um doidivanas? Um gênio devasso? Um sonhador fantasioso? Apesar das aulas de guitarra, totalmente sem musicalidade?

Você já tentou enfiar uma melancia num porta-ovo ou transportar suco de maçã numa peneira? É igualmente exaustivo querer convencer um jogador de futebol a tomar aulas de piano ou inscrever um talento tímido em desenhos no concurso infantil de música. Você economizará suas forças se levar a personalidade do seu filho em consideração.

Se nos agarrarmos a uma imagem errada, por medo ou acomodação, pode nos acontecer o mesmo que aconteceu com a mãe do Elton John. Meu cabeleireiro conta que ela veio de uma família de artesãos e reclamava de tudo: "Se ele tiver de colocar um prego na parede, ele vai passar a ter duas mãos esquerdas!" Provavelmente, ela se perguntava, desconfiada, por que ele raramente ficava em casa à noite e por qual motivo emoldurava seus discos e os pendurava na parede. Se ela tivesse conseguido se livrar das suas expectativas rígidas, teria se tornado a feliz e orgulhosa mãe de um dos maiores ícones da música pop da nossa geração em vez da mãe de um péssimo artesão.

Seria uma pena perdermos uma chance de amar nossos filhos.

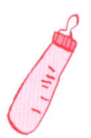

Abandone as advertências

Você projetou ser a sorridente mãe dos livros ilustrados e agora se sente mais como uma agente penitenciária, que passa o dia controlando e advertindo? Você não está sozinha com esse sentimento, pois, apesar de ninguém gostar de ouvi-las, as advertências fazem parte do cotidiano das mães.

Por que sempre que temos uma oportunidade cobrimos nossos filhos com comentários ácidos? Você não diz para seu chefe: "Aqui está o rendimento do último semestre, mas não distribua tudo de uma vez!"

Claro que não há objeções quando você aconselha seu filho no zoológico: "Não estique a mão para o jacaré ." Mas qual é o sentido de uma frase que pertence aos clássicos dos playgrounds: "Não vá cair!" Você poderia dizer em seguida: "Continue respirando, não arranque seus cabelos, não jogue seu casaco na lixeira..."

Será que não conseguimos passar sem repreensões? Elas fazem parte das nossas responsabilidades como pais? É duvidoso saber se o nosso filho cai menos da árvore só porque a mãe dele grita profecias sombrias para ele a cada meia hora. Muitas vezes acontece o contrário, pois a percepção das crianças funciona de modo a não ouvir a negação. Pedagogos recomendam formular pedidos positivos, porque o que resta da indicação "Não vá cair!", quando ela chega ao cérebro, é a exclamação "Caia!"

As crianças não precisam de advertências,
Mas, sim, da oportunidade
De sentir as conseqüências pelos seus atos.
Troque as advertências por....

- Perguntas: "O que você acha, em que local você consegue subir melhor no muro?"

- Ofertas de ajuda: "Aqui está a minha mão, caso você precise de ajuda."

- Fatos: "Essa vasilha tem um lado mais afilado. Desse lado você consegue segurar melhor."

Troque o papel de uma controladora medrosa e irritantemente crítica para o de uma ajudante, esclarecedora das coisas do mundo, consoladora, animadora, resumindo: para o papel de uma mãe feliz. Se por acaso você encontrar o jacaré, ainda poderá fazer uma exceção.

Felicidade de mãe não é suficiente

Considere como um teste para a adolescência

Nas rodas de conversa já está claro que nada substitui você como mãe. Até seu modesto passeio na cidade faz com que o pai, incapaz de amamentar, pegue o celular. Ser necessária traz um sentimento bom. Mas você não deveria se acostumar com ele. Pois algum dia a palavra mágica "mamãe" vai ser substituída de um momento para o outro por "eu faço sozinho".

De repente seu filho recusa sua ajuda ao subir pela primeira vez no trepa-trepa. Sua opinião não conta mais quando ele escolhe alguma coisa no cardápio da sorveteria. E a pergunta no portão da escola: "O que você fez de legal hoje?" é recebida como uma impertinência.

Aproveite o tempo e treine para quando seus filhos alcançarem a adolescência:

- Não pense que seus filhos vão parar de reclamar. A psicologia conhece muitas fases do desenvolvimento nas quais você pode enchê-los com amor, fantasia e batatas fritas sem chance para o aplauso. Poupe esforços e prefira ler o capítulo "Mais ou menos é mais do que suficiente".

- Crianças são personalidades com gostos e desgostos pessoais, comidas preferidas, amigos, perguntas sobre roupas – mães felizes deixam seu filho escolher sempre que possível, enquanto não se tratar de coisas arriscadas ou danosas. Simplifique as coisas. Poupe-se, por exemplo, das discussões em frente ao guarda-roupa da criança. Não é você que vai sair de vestido de verão na chuva! Arrisque sair de casa confiante e com a cabeça erguida, apesar do seu filho não ter mudado de opinião quanto a sair de casa com a fantasia de coelho nem ter limpado a boca suja de geléia. Nesse dia você estará no melhor caminho para ser uma mãe feliz.

- Jogue fora o papel de "mãe indispensável", antes que seus filhos o façam. Babás, avós, amigas sem filhos e inclusive pais (!) podem cuidar tranqüilamente dos seus preciosos filhos uma noite por semana.

- Aproveite para tornar-se supérflua. Existe alguma coisa que você sempre quis fazer? Ir dançar, encontrar amigos, desenhar, andar de moto, atualizar-se profissionalmente, colecionar adesivos ou obituários curiosos – mães felizes não definem sua autoconfiança somente em relação à família. Seja como poetisa ou como arroz de festa, essas mulheres sempre têm uma segunda imagem de si mesmas como reserva. Isso as salva em momentos nos quais os pequenos já a chamam de "mãe boba" antes mesmo do café da manhã.

- Mantenha sua profissão em foco. Um dia, você "como sempre" vai ter de se decidir. Já que você assumiu a maternidade, durante esses anos podem surgir para você chances inesperadas. Às vezes são coisas pequenas, como uma rápida visita ao local de trabalho, que mais tarde vão ser decisivas para uma recontratação tranqüila.

- Com quem você brincou hoje? Foi legal lá na casa da vovó? De preferência nós, mães, saberíamos tudo sobre a vida dos nossos filhos. Preste atenção aos seus bons sentimentos: você quer demonstrar ao seu filho que está interessada no cotidiano dele? Ou você deseja ter um controle rígido sobre seu protegido? Às vezes os filhos simplesmente não estão com vontade de falar. Uma pessoa pequena também tem que preservar sua privacidade. Afinal de contas, você confia nela ou não?

A verdade é que tudo termina algum dia: trabalho de parto, cólicas dos três meses, a solicitação para a bolsa de estudos e o desejo da sua filha de que você vá com ela na festa de aniversário. A idade para histórias na hora de dormir também passa, assim como os ataques de raiva no supermercado. Seja o que for – vai mudar. E logo.

Saia para passear com o seu marido

Pesquisas têm demonstrado que aqueles casais que vivem juntos coisas inusitadas e divertidas têm melhores chances de se manter felizes no casamento.

Se você não tiver uma relação de carne e osso e precisou do marido apenas para a doação de esperma, pode pular este capítulo. Mas a maioria de nós concorda tristemente quando as revistas sobre pais escrevem: "Cuide do jardim do amor, reserve momentos nos quais vocês não são pais, mas sim, companheiros."

Existem, entre nós, algumas mães de caráter forte que precisam apenas de uma pizza congelada e de um sutiã com enchimento para vivenciar uma intimidade romântica. Entre a lavação de pilhas de louça e contas a pagar, nossas noites em conjunto só andam me seduzindo a fazer a declaração de imposto de renda.

Só tem uma coisa que ajuda: sair.

Isso parece mais fácil do que é. Nos últimos anos, febres de três dias, contas nas lojas, ou o cansaço, muitas vezes acabaram com nossos planos, até que uma outra mãe me entusiasmou pelo seu ritual:

Primeiros-socorros para comedores de salgadinhos no sofá:

1. O mais importante: estabeleça dias determinados com seu marido e com a babá. Por exemplo, a cada duas sextas-feiras. Talvez você consiga convencer a avó ou uma das suas amigas a ajudá-la. A solução mais cara, mas também mais confiável, seria contratar uma babá. Considere isso um investimento na sua qualidade de vida e no seu casamento. Em vez de gastar o dinheiro com processos de separação é melhor investi-lo em jantares à luz de velas. Você vai ver que vale a pena.

2. Assumam alternadamente a escolha do programa noturno. Escolha aquilo que lhe dê prazer. Quando for sua vez de escolher, tente não fazer algo pelo seu companheiro. Ele pode realizar os sonhos dele no próximo encontro.

3. Mantenha seus planos em segredo até a hora de sair. Apenas dê ao seu companheiro uma sugestão de como ele deverá se vestir: botas de borracha ou sapatos italianos?

4. Atenha-se incondicionalmente às regras: não vale gozação! Quem se deixar surpreender pelos planos do outro não deverá deixar escapar nenhuma palavra de crítica, tanto faz se tenha sido seqüestrado para assistir um filme dos Trapalhões no cinema ou a um concerto de quatro horas de duração.

Existem tantas coisas belas para as quais raramente nos animamos! Em parte, esses empreendimentos custam muito pouco, mas nos recompensam com uma noite maravilhosa: um passeio no campo, um vernissage, o restaurante de especialidades latinoamericanas, um passeio de bicicleta por uma área desconhecida da cidade, uma visita à piscina sem as crianças, mas com uma porção bem grande de batatas fritas.

A mãe feliz que me falou sobre isso também se encontra com amigos nas "noites dos pais". Nós, ao contrário, acertamos que é mais importante ter um tempo para nós dois nesses dias.

Experimente!

Procure um hobby mental para você

Se o pai dos meus filhos me perguntasse, pouco antes de pegar no sono: "Você ainda me ama?", eu provavelmente ficaria devendo uma resposta para ele. O que não deveria deixar essa pessoa simpática e de boa aparência preocupada, pois provavelmente eu não o tenha ouvido. Estou o dia inteiro pronta para os outros, mas um pouco antes de adormecer eu sempre dou uma fugida. Nesse momento eu me concedo um luxo brincalhão das mães felizes: um *hobby* mental. O que seria isso?

Inventar histórias, pensar em destinos de viagens, mobiliar residências imaginárias, planejar receitas culinárias, imaginar fantasias sexuais, ser a atriz principal em filmes, procurar palavras que são anagramas, compor...

Volta e meia, as mães felizes fogem para o âmbito do bem-estar dos seus pensamentos, porque...

- Lá as crianças não conseguem estragar nem sujar nada.
- Pode-se praticar esse *hobby* mesmo com uma criança dormindo na viagem para a Suécia.
- Você pode executá-lo deitada confortavelmente na cama ou numa espreguiçadeira, relaxando fisicamente. O que você ganha com um *hobby* no qual você precisa ficar sentada por seis horas a fio, em má postura, em frente à máquina de costura, ou no qual você volta da ginástica com uma ruptura nos ligamentos?

- Exercitam um órgão do corpo que ainda não foi alongado na elaboração da lista de compras ou com diálogos do tipo "onde está o meu ratinho?"

Hobbies mentais são bons para mães. Eles não têm peças pequenas que podem ser engolidas. Não desenvolvem alergias nas pessoas e não aumentam a decrépita conta de tempo dos pais. Escolha também um tema, com o qual você gosta de ocupar seus pensamentos. Tanto faz, se os pensamentos perambulam entre colunas de números, países distantes ou o esquema dos jogos do campeonato de futebol.

Procure um trabalho fantástico para você

Cinco meses depois do nascimento da nossa primeira filha eu voltei ao trabalho para que meu marido pudesse começar o seu semestre de pai, conforme planejado. Eu estava infeliz em ficar separada da minha filha, totalmente sobrecarregada e cansada demais para admitir meu mal-estar. Eu tentava convencer-me de que era assim que devia ser. Afinal de contas, centenas de mulheres à minha volta estavam na mesma situação e elas agiam como se fosse algo passageiro. E, ao contrário da maioria delas, eu tinha um marido em casa que cuidava da minha filha com leite morno, e de mim com comida quente!

Se, quando e como vamos exercer uma profissão, isso vai determinar fundamentalmente a nossa qualidade de vida como mães. Não podemos fechar os olhos para isso, mesmo que, face ao desemprego e à noite anterior maldormida, não quiséssemos outra coisa.

Toda mulher, depois do nascimento do seu bebê, se encontra na armadilha infantil, mesmo se estiver na feliz posição de logo conseguir se livrar dela. Algumas se enfiam no mercado de trabalho ou buscam as escassas vagas de meio-turno em atividades duvidosas, nas quais acabam vendo os filhos só na hora do jantar. Outras, pelos próximos anos sentam-se tranqüilamente no parquinho junto com biólogas e técnicas em raio X e utilizam sua formação como engenheira de estruturas para impedir o desmoronamento do castelo de areia.

Na verdade, a formulação voltar ao trabalho está errada, pois o seu local de trabalho, como você o conhecia, com sua rotina correspondente, não existe mais. São dois pares de sapato diferentes. Se antes você era uma mulher solteira construindo sua carreira e uma conta bancária, agora você quer ser levada em consideração apesar da catapora e das férias na creche. Uma mãe que trabalha, decididamente precisa de muito talento para organização. Se você, por vontade própria ou não, entrar nessa exaustiva situação, deveria ser por algo que a satisfaça, não é?

Mães felizes buscam um trabalho fantástico

Não se trata necessariamente de uma carreira como modelo ou diretora de criação. Para uma mulher que passou o último meio ano praticamente só na companhia de um bebê, pode ser o máximo vestir-se com roupas sem vestígios de leite ou verduras e sentar-se num escritório com mais trinta adultos. Outra mãe é bem capaz de gostar de ficar somando estúpidas colunas de números, sem precisar se preocupar com a briga no quarto ao lado.

Mas talvez você também considere um trabalho fantástico ficar em casa até o terceiro aniversário do seu filho. Por outro lado, seus colegas homens acham que, desde que os gêmeos começaram a andar, não se tem mais muito o que fazer em casa!

Se você gosta de trabalhar, você também vai trabalhar bem.

Mas as mães felizes são tudo menos ingênuas, e nem todas foram abençoadas com maridos milionários. Elas têm consciência da realidade de que no trabalho precisam se submeter a várias coisas. Essas mulheres já perceberam que ninguém oferece empregos fantásticos para mães a menos que elas mesmas escolham cuidadosamente um trabalho e façam algo por ele.

Tanto faz o que você vai escolher – seus filhos vão perceber se o trabalho significa algo para você. Mostre a eles que vale a pena investir nisso. No mais tardar, quando soltarem o verbo, seu exemplo vai lhe trazer vantagens.

O fim do contrato de aluguel

Parece fazer parte da natureza das pessoas que em certas fases da vida elas se recolham da vida pública e mergulhem no particular. Quando tínhamos nove anos de idade, por exemplo, era época da febre do Banco Imobiliário, e meus irmãos e eu ficamos uma semana inteira presos à mesa da sala, na nossa casa de férias. Provavelmente deixamos nossos pais nervosos, pois não havia outro assunto para conversas além do novo hotel na Rua do Porto ou dos preços de usura na Avenida do Castelo.

No caso do Banco Imobiliário a febre passou depois de sete dias. Após o nascimento de uma criança podem se passar sete anos, nos quais ficamos enfiados na Torre de Marfim com potes à prova de pirralhos. Nesse período assuntos de criança são prioridade. Pensamos corretamente que somos o centro do mundo, e reduzimos ao mínimo todos os grandes acontecimentos mundiais, visitas ao salão de beleza e atividades no clube de handebol. Mães entusiasmadas provavelmente devem ser um verdadeiro teste de paciência para o resto do mundo!

Mas tanto faz. Sempre me faltam as palavras quando devo descrever por que, apesar das olheiras e das músicas da Xuxa, gosto tanto dessa fase esfacelante da minha vida. Se também for assim com você, aproveite a temporada paga pelo auxílio maternidade na Torre de Marfim. Deixe-se prender pelo primeiro sorriso do seu filho e orgulhosamente coloque na Internet as fotos do ultra-som e os desenhos de giz de cera. Só não esqueça de dar uma olhada de vez em quando na telinha, pois lá fora a vida continua.

Sim, porque "o milagre da vida" não se restringe a um amontoado de células em forma de girino que, em quarenta semanas, se desenvolve e vira o centro da nossa vida. No seu ambiente se desenvolvem diariamente novas amizades, reformas nos imóveis, especialidades de café, escândalos mundiais, perspectivas profissionais e bandas, cujos nomes lembram temperos para salada de batatas.

Seria bom você não ignorar totalmente o resto do mundo que não tem filhos. Pois, após alguns anos, você deverá ressurgir e trocar sua identidade de mãe feliz pela de amazona feliz, motorista de táxi feliz, ganhadora na loto feliz, prefeita feliz ou presidente do fã-clube do seu cantor favorito.

O contrato de aluguel da Torre de Marfim inevitavelmente termina, e não existe outra maneira. Seria muito penoso para nosso filho, já com quinze anos, se a mãe dele explicasse na festa da escola que a maternidade é uma experiência tããão satisfatória e recompensadora! Nesse momento, seria ótimo se você já tivesse conseguido descer e ter arrumado a Torre de Marfim para a próxima geração. Uma mãe que consegue soltar é

o segredo dos filhos felizes.

Edições Loyola

impressão acabamento

rua 1822 nº 347
04216-000 são paulo sp
T 55 11 6914 1922
F 55 11 6163 4275
www.loyola.com.br